甲子園優勝を目指す
下関国際高校野球部・
坂原秀尚監督と
ナインの奮闘

貫道［かんどう］

井上幸太
Kota Inoue

TOKYO NEWS BOOKS

目次

序章　1本の電話

1本の電話

大げさではなく、地鳴りが起こっているようだった。

2022年8月18日。筆者は、高校野球の〝聖地〟と呼ばれる阪神甲子園球場にいた。ここ数年、甲子園大会後に発売される高校野球専門誌の「大会決算号」を制作するための取材で、大会の開幕から決勝まで、連日甲子園に通って取材をするのが、春と夏のルーティンとなっている。

日ごろは、在住する島根県を中心に中国地区5県の高校野球の取材をメインに行っているのだが、筆者が甲子園取材をするようになってから、この担当地区の最高成績は21年夏に島根代表の石見智翠館が達成した8強が最高だった。

その最高成績に、この夏の山口代表・下関国際が並んだ。初戦となった8月11日の2回戦は、宮崎代表の富島に5対0で勝利。富島のエース右腕・日高暖己《あつみ》は、最速148キロの直球を武器とする、この年の九州地区を代表する快腕と目されていた。

下関国際は、この好投手に対して9回で13安打を浴びせ、162球もの球数を投じさせた。得点こそ5点だったが、打線全体で相手投手を崩すという自分たちのやるべき野球をやりきった、ある意味での〝完勝〟だと感じた。

8月16日の3回戦の相手は、島根代表の浜田だった。中国地区同士、それも幾度も取材させてもらっているチームの潰し合いに、筆者は一抹の心苦しさを感じていたが、この試合も前半の得点で主導権を握り、9対3で勝ち切った。この後の本章で詳しく書き記すが、下関国際の実力を鑑みると、ここまでは〝想定内〟だった。


準々決勝は、大阪代表の大阪桐蔭との大一番だった。

甲子園球場内には、各種報道機関が利用できる「記者席」と呼ばれるスペースがある。バックネット裏上段にある、広めの机が設置され、簡易扉で区切られた記者席は、「クラブ席」とも呼ばれ、スポーツ紙各社を中心に利用される。そして、同じくバックネット裏の、クラブ席よりもグラウンド寄りの場所に、主に雑誌関係の人間が座る「第2記者席」と呼ばれる、もう一つの記者席が存在する。春は毎日新聞、夏は朝日新聞と、それぞれの主催新聞社は、バックネット裏のど真ん中に、自社の地方支局から駆け付けた記者が作業をするスペースを設ける。その左隣に、第2記者席が存在する。位置としては、一般観客がチケット購入で座れる「中央特別席」にほど近く、コロナ下となって最初の甲子園大会となった21年春のセンバツ以降に全席指定席となってからは、座席番号を読み間違えた一般観客が座ってしまうこともある（そして、巡回している球場警備員が移動を促す）。それほど、観客席に近いスペースが長い大会が終わるまでの、我々の〝根城〟となるのだ。

　下関国際と大阪桐蔭の対戦が決まると、同じく甲子園取材に訪れている顔なじみの記者数名から、「残念でしたね……」と口々に声を掛けられた。ここまで、すでに4校が敗退している中国地区5チームが〝全滅〟する。この時点では、少なくとも私の周りにいるほとんどがそう思っていたし、正直なところ私自身も厳しいと感じていた。この春のセンバツも取材したのだが、大阪桐蔭の勝ち上がり方が、あまりに鮮烈だったからだ。と同時に面白い試合になるのではないかという期待も抱いていた。仲井慎、古賀康誠、主将の山下世虎《せとら》ら、この年の3年生たちに、下関国際を率いる坂原秀尚監督が強い期待をかけているのを見てきたからだった。下級生時代から手塩にかけ、技術を授け、経験を積ませてきた勝負の世代。競った試合になるかもしれない。好勝負が見られるのかもしれない――。そんな思いで、当日も第1試合開始前に甲子園球場の門をくぐった。

　8月18日、午後2時27分。3万4000人の大観衆が見守る中、試合の幕が開けた。初回に大阪桐蔭が長打攻勢で先制したが、そこからはお互いに点を取り合うシーソーゲームとなった。下関国際が同点ににじり寄っても、そこから再び大阪桐蔭がリードを奪う。そんな展開が繰り返され、3対4、下関国際の1点ビハインドで9回を迎えた。この時点では、場内はまだ〝無風〟だった。春の王者に挑戦する立場の下関国際が、戦前の予想以上に食らいつく。思わぬ接戦を見られたことへの充足感があり、大会の主役が4強に駒を進めることに異論はない。だが、もう少し〝見せ場〟ができやしないか……。そんな期待感もスタンドの所々から漂っている。基本的に中立ながらも、どちらかと言えば大阪桐蔭側に傾いていたバックネット裏の野球好きたちが、感情の置き所を決めかねているような雰囲気だった。観客の心情を示す針は、9回表の下関国際の攻撃で振り幅を拡大させる。先頭の赤瀬健心、続く松本竜之介の連打で球場のボルテージが一気に上がり、3番・仲井の犠打成功で1死二、三塁とすると、熱気は最高潮に達した。下関国際は、得点圏に走者を進めると、チャンステーマである『V-ROAD』が、アルプススタンドで演奏される。元々Jリーグのファーレン長崎の応援曲として誕生した曲で、同じ長崎の創成館が演奏したことで、高校野球の応援にも定着しつつある。

下関国際は、創成館と18年春のセンバツで対戦し、相手のチャンステーマとして、この『V-ROAD』を耳にした。センバツ後、選手たちから「自分たちも創成館のチャンステーマを使いたい」と申し出があり、3季連続出場となった同18年夏から採用している。4番・賀谷勇斗の打席で『V-ROAD』が流れると、客席からも手拍子が巻き起こった。

下関国際のアルプススタンドに近い三塁側だけでなく、バックネット裏、大阪桐蔭の応援で訪れた観客も少なくないであろう、一塁側の内野席をも巻き込んだ大音量の手拍子は、言ってみれば〝異様〟だった。第2記者席にいて、球場が揺れているように感じられた。

この喧騒の中、下関国際を率いる坂原監督から聞いていた話のいくつかが、私の脳裏にフラッシュバックしていた。まず思い起こされたのは、就任間もない05年秋の山口大会で、バックネット裏から痛烈な野次を浴びせられたという話だった。観客から口汚く罵《ののし》られていた弱小チームが、17年後に高校野球最大の舞台である甲子園球場で、今度は球場中の観客から、割れんばかりの手拍子で後押しされている。その壮大なドラマ性に目がくらみそうになっていた。

下関国際は、この試合で5対4と見事逆転勝利を収め、最終的に夏の甲子園準優勝を果たす。勝ち進む中で、様々なメディアが下関国際野球部や、監督である坂原のルーツを報じ、過去に下関国際を取り上げたウェブ記事は、今一度読み返された。手前味噌で恐縮だが、下関国際が初のセンバツに出場した18年春に、筆者が書いた「高校野球で人生に誇りを　下関国際・坂原監督が伝えたいこと」という記事も、準々決勝後から決勝まで、度々アクセスがあったと聞いている。

22年夏の下関国際の躍進はどこから始まっていたのか。当然、05年の監督就任がスタートで、幼少期を含めた坂原の人生で形成された人格、勝負勘が複雑に絡み合っての今なのだが、こと私にとって、この準優勝の起点を鑑みると、1本の電話に行きつく。躍進の約1年前にあたる、21年7月18日の電話がそれだ。

この時期、夏の甲子園出場を懸けた都道府県大会が全国で盛り上がりを見せる。高校野球を主たる取材領域とする記者、ライターたちは、文字通り汗水を垂らしながら球場での取材に精を出すシーズンでもある。先述の通り、中国地区を中心にアマチュア野球を取材する筆者もご多分に漏れず、この日も球場に足を運んでいた。山口県下関市にあるオーヴィジョンスタジアム下関で、お目当てだった第1試合を取材し終えた後も球場に残り、第2試合に登場する宇部工高の小森航大郎（現・ヤクルト）のプレーぶりを見届けた。この日に行われる2試合を観戦し終え、翌日に予定していた広島大会の取材に向けて、広島県東広島市にあるビジネスホテルへと車を走らせた。

道中で急ぎの仕事を終わらせる必要に迫られた関係で、予定よりも少し遅い21時ごろにいつもの宿に到着した。チェックインを済ませると、白色のシーツがピンと張られたベッドに腰を掛け、途中のコンビニで買ったミネラルウオーターを一口、二口と飲み込んだ。少しベッドで横になろうかと思ったその時、手元に置いていた携帯電話が鳴った。マナーモードを解除したばかりの折り畳み式の携帯電話は聞きなれた着信音を響かせ、ディスプレーには発信者の名前が、定められた間隔で繰り返し走る。紺一色の携帯電話の前面には、「坂原秀尚（下関国際）」の文字が浮かんでいた。慌《あわ》ててベッドから立ち上がり、通話ボタンを強く押し込んだ。全くの私事だが、筆者は自宅や今回のようなホテルなど、周囲の目がない場所で通話をする際、基本的に立って対応するようにしている。座ったまま話をするよりも声がはっきりと通る感覚があること、思考の整理がてら室内をウロウロと歩けることなどがその理由だ。

「遅くにすみません。今、大丈夫でしたか？」

シングルルームの壁かけ時計は、21時30分を指していた。これまであまり記憶になかった、夜分に差し掛かっての連絡への気遣いが坂原の第一声だった。私は間髪入れずに、こう返答した。

「全く問題ないですよ。今日は球場でもありがとうございました。どうされました？」

この日、朝から下関を訪れていたのは、夏の山口大会の、下関国際と宇部鴻城との一戦を見るためだった。２年生主体のメンバーで春のセンバツ大会に出場した下関国際は、甲子園から戻って最初の公式戦である春の山口大会で優勝。続く中国大会でも準優勝し、21年夏の優勝候補筆頭に名を連ねていた。だが、ノーシードながら前年秋に県3位となった実力校の宇部鴻城の前に敗退。シード校だった下関国際は、初戦となった2回戦で早々に姿を消すことになった。敗れた下関国際の監督である坂原から、当日に連絡が来たことに驚きつつも、試合終了直後の取材対応へのお礼を伝えた。改めて、試合の振り返りなどを話した後、坂原が電話の本題を切り出した。

「秋からの中国地方で、どのチームが強いですか？」

驚いた。すでに坂原は秋の戦いへと気持ちを切り替えていたのだ。電話口の声色は、先ほどまでの和やかなものから一転、覇気が満ちていた。

かねてから、坂原の勝負に懸ける気持ちの強さは目を見張るものがあった。高校野球の現場に取材で足を運ぶと、「凡事徹底」などのスローガンを目にすることが、しばしばある。しかし、そんな目標を掲げながらも、「これくらいは仕方がない」と所々に甘さが出るチームも当然ある。身もふたもないことを言ってしまえば、全国に数多くある野球部を見渡せば、そういう野球部が大半なのだろうと思う。だが、坂原は違った。監督室、寮、グラウンドなどに大げさにスローガンなどを張り出すことは一切しないが、とにかく決めたことをやり通さなければ気が済まない男だった。甲子園初勝利を挙げ、そのまま8強まで勝ち進んだ18年夏に、甲子園から下関に帰った直後の坂原を取材する機会があった。シートノック打撃で、捕手が投じた投手への返球に、二遊間の選手のカバーが遅れた場面があった。すかさず坂原がマイクを手に取る。グラウンドに、拡声された「やり直して」という言葉が響いた。

公式戦で敗れた後の取材では、悔しさを隠さない。報道陣の数が多く、自身や選手への取材時間が長引くと、坂原から焦りを感じることがある。「早く練習させてくれ」とでも言いたげな切迫感だ。そういった一連の姿を見てきたからこそ、私は「この人が勝てなかったらおかしい」「次に中国地区で全国制覇を成し遂げるなら坂原だ」と思い、追いかけてきた。その中でも最も執念を感じたのが、先程の宇部鴻城戦敗戦当日の電話だった。何しろ当日である。こちらから1度かけた電話がつながらず、折り返しでの連絡の場合は別だが、坂原からの電話の多くは練習前の午前中か遅くとも夕方までにかかってくることが多かった。それにもかかわらず、21時を過ぎて連絡してきたということは、負けの悔しさが飲み込みきれない、一刻も早く新チームのスタートを切りたいという思いからだと感じていた。

坂原の問いに対し、下級生の活躍が目立っていた中国地区内のチームをいくつか伝えると、坂原は「そうですか……。ありがとうございます」と言い、少し世間話をした後、通話は終わった。

事実、この敗戦からスタートした新チームは期待の世代だった。高校野球では異例の、1年時から主将を務めた山下、坂原が指先の感覚と野球センスに惚れ込んでいた仲井、山下、仲井とともに1年夏からスタメンに名を連ねた赤瀬。下級生時代から公式戦の経験を積み、1年秋の中国大会で準優勝すると、2年春のセンバツで早々に甲子園の土を踏んでいた。かつてない戦力層と圧倒的な経験値。最高成績である18年夏の甲子園8強を超えるのは、この世代かもしれない。坂原からの鬼気迫る電話で、その期待感が肥大していったことを、約1年後、高校野球の熱狂のど真ん中にいる下関国際を見ながら思い返していた。


この本を手に取った読者の多くは、下関国際の戦いを見て、下関国際野球部と監督の坂原に興味を持った方だと思う。そんな読者と同様に筆者も同じ思いを抱き、その足跡をたどるため本書を執筆するに至った。

坂原秀尚という男だからこそ、そして下関国際という学校だったからこそ紡がれた歩みを、本書を通じて感じてもらえれば幸いである。

2022年夏、甲子園決勝で敗れ、涙に暮れる選手たちを労う坂原。幾多もの苦難を乗り越えて、この舞台にたどり着いた。

第一章

1通の手紙

1通の手紙

これまでの野球人生で耳にしたことのない音が、雑草だらけのグラウンドにこだまする。熱意に溢れていた青年は、その場で立ち尽くすしかなかった——。

「カツン、カツン」

2005年7月31日。下関市内のアパートの一室にあるテレビのチャンネルは、夏の山口大会決勝の中継に合わせられていた。ブラウン管の奥では、夏の準優勝など甲子園経験豊富で、山口県下屈指の名将の名を欲しいままにしていた玉国光男が率いる宇部商と、柳井商（現・柳井商工）の熱戦が繰り広げられていた。5回に3点を先制した宇部商に対して、柳井商も6回に1点を返し、食い下がっていた。かつての自分のように甲子園を目指して死力を尽くす選手たちの姿を、坂原秀尚はテレビの前でぼんやりと眺めていた。

投手として大学でも野球を続けた坂原は、卒業後に社会人野球選手として広島県安芸郡海田町に本社を置き、自動車部品の開発と製造、金属加工を主な事業とするワイテックで約5年間プレーをして引退。退職後は母校である広島国際学院大で、投手コーチに就いた。

深夜の居酒屋、ガソリンスタンドのアルバイトで生活費を稼ぎ、日が昇っている間は大学のグラウンドに立つ日々を約2年間送った。大学時代からうっすらと抱いていた「指導者になる」夢を、ひとまず叶えたことへの喜び、指導現場に立つことへのやりがいを感じると同時に、野球への探求心は日ごとに増していく。その思いは、自身が足を踏み入れることができなかった甲子園への憧れにも結びついていた。いつしか「高校野球の指導者となって甲子園を目指したい」という思いが、頭の中を埋め尽くしていた。しかし、高校野球の指導者を目指すにあたって、一つ障壁があった。教員免許だ。

この時点で坂原は教員免許を持っていなかった。大学時代に1度取得を試みたが、教職課程を履修すると、リーグ戦が実施される土曜日にも講義が入ってくる。主将を任されていたこともあり、「キャプテンの自分が講義で抜けるわけにはいかない」と在学中の取得を断念した経緯があった。高校野球の監督になるには、学校職員、外部監督での採用を模索する道もあるにはあるのだが、教員監督に比べると間口は狭まる。そこで、高校保健体育の免許取得を目指すことにした。30歳を目前にしての転身に、周囲は大反対。高校時代の監督には「俺の仕事がそんなに楽に見えたか？　早く結婚して孫の顔を見せて、両親を安心させてあげなさい」と諭された。だが、おぼろげな夢から具体的な目標へと変わった指導者転身への欲求を抑えきれず、05年4月に山口県下関市にある東亜大に2年次編入の形で再入学した。こうして、広島県出身の坂原にとって「街並みが、どことなく呉に似ている」と感じる下関で、2度目の大学生活が始まった。

小学生時代に野球に出合ってからというもの、坂原の人生は野球中心に回っていた。同じ団地に住む仲間と日が暮れるまでボールを追いかけ、高校、大学、社会人では全国大会を目指して己を追い込み続けてきた。

26歳で現役生活を終え、大学でのコーチを退き、久々に生活から野球が消えた。自らを「三度の飯より野球の人間」と評する坂原にとって、大学再入学後の野球のない4カ月はどこか物足りなさがあった。緩やかに流れる時間の中に、野球への渇望が去来する。その日々の中で、ある高校に強烈な興味を抱くようになった。それが、東亜大のほど近くにある下関国際だった。

初めてその存在を知ったのは、東亜大の入試前日だった。JR新下関駅から徒歩10分程度で、東亜大のキャンパスに到着するのだが、学校らしき建物を目指して歩いていた坂原は、間違って隣にある下関国際の校舎にたどり着いた。そのときに、「下関国際という高校があるんだな」と知った。大学生活がスタートすると、高台にあるキャンパスから、下関国際が見下ろせた。校舎の他にグラウンドが目に入り、野球部があると気づいた。

次に下関国際の名を聞いたのは、講義で使用する教科書を買おうと、「新下関駅の近くにある、店先に雑誌が平積みされているような、昔ながらの書店」を訪れたときだった。店主が、「不祥事の影響で、下関国際の野球部の監督が不在らしい。今は校長先生が１人で練習を見ているみたいだよ」と、噂話を教えてくれた。

下関国際は、下関予備校と下関電波専門学校を前身とし、64年に下関電子工として開校。その後、下関への校名変更を経て、93年に現校名となった私立高校だ。山口県内には、他に「国際」と名の付く高校がなく、地元では「国際」の通称で呼ばれる。開校の翌年に創部された野球部は、県内で目立った存在とは言えず、初戦敗退の常連。この年の夏は、大会直前に部員の集団万引きが発覚し、大会に出場すらできなかった。地元市民はおろか、ＯＢ、卒業生たちからも期待をされていない状況だったが、この書店の店主は、なぜか何かと野球部を気にかけていた。

「店主のおっちゃんが面白くて、食器洗い用のスポンジでスパイク用のインソールを自作して、『これを国際の野球部に使わせようと思っとるんだ！』と楽しそうに話していたこともありました。もうお店はなくなっちゃったんですけど、おっちゃん、今どうしてるんだろうなあ」

不祥事と監督不在の話を聞き、坂原には「野球に打ち込んでいるはずの高校球児が、なぜ非行に走るんだ？」という疑問が湧いていた。甲子園を目指してグラウンドを走り、一心不乱に野球に打ち込んだ自らの高校時代を振り返りながら思考を巡らせたが、その心情を理解することができなかった。大学の近くにありながらも、実態の見えない野球部への興味は日に日に増した。そして、おもむろに便箋を取り出すと、宇部商がそつなく加点し、7対1で甲子園出場を決めた様子を映し出すテレビを背に、一気にペンを走らせた。

「現在東亜大に通っている者です。3年間下関にいるので、何かできることがあればお手伝いさせてください」

思いと自身の連絡先を記した便箋を封筒に納め、名も知らぬ下関国際の校長宛に送付した。野球のない毎日に辟易し始めており、とにかく野球に関わりたい思いもあった。手紙の投函から2日後、携帯電話が鳴った。登録されていない電話番号からの着信は、下関国際の校長からだった。手紙が到着した旨の報告とお礼を伝えられ、「会って話がしたい。1度学校に来てくれないか」と請われた。8月3日、下関国際に駆け付けると、かつて野球部の監督を務め、現在は監督代わりにグラウンドに立っている校長の口から野球部の現状を伝えられた。書店の店主から聞いていた指導者不在の噂は事実で、下関国際にとって坂原の申し出は非常にありがたく、願ってもない話だという。そして、校長はこう続けた。

「こちらとしては監督をお願いしたいと思っています」

野球に飢え、高校野球の現場で指導経験を積みたかった坂原はこの申し出を快諾した。

手紙の投函から4日足らずという、瞬く間の監督就任だった。校長との面談を終え、部員たちに挨拶しようと、早速グラウンドに向かった。校舎からグラウンドへと続く石段を下りると、いきなり現実を突きつけられた。選手たちは練習用のユニホームを着ず、Tシャツに半ズボンという出で立ち。申し訳程度に設置されたバックネット代わりの防球ネットの後方には、腰ほどの高さになろうかという、雑草が生い茂っていた。既に練習開始時間を過ぎているが、部員たちはボールを打つ部分が羽子板のように平らに削られた、打撃練習用のバットとピンポン球で、〝ピン球野球〟に興じていた。

「グラウンドに到着したら、『カツン、カツン』と音が聞こえて、何の音だろうと思って見てみると、ピンポン球で野球遊びをしていました。それもふざけてやっているんではなくて、それを生きがいとしているような、妙に真剣な表情で取り組んでいて（苦笑）」

目の前に広がっていたのは、自身の思い描く〝高校野球〟の対極に位置するものだった。集合の合図をかけると、まばらに選手たちが集まる。その一瞬で、「生徒たちのポーっとした顔を見て、この子たちは、野球に限らず、人生で何か一つのことに打ち込んだ経験がないんじゃないか」と直感した。集合するやいなや、「甲子園、行くぞ」と口にしていた。

「選手時代にたどり着けなかった甲子園に、指導者として再挑戦したかった思いも当然ありました。でも、それ以上に、大きな目標を掲げて、それに向かって挑戦していく野球部にしなければ目の前にいる生徒たちは変わらないと思ったんです」

選手たちは呆気《あっけ》にとられていたが、坂原は本気だった。校長の計らいにより、翌日の職員朝礼で、在職している教職員たちへの挨拶の場が設けられた。自己紹介の後、力強く「甲子園に行きます」と宣言すると、どこからともなく笑い声が聞こえてきた。「できるわけがないだろう」とでも言いたげな乾いた笑いが、学校での野球部の立ち位置を克明に示していた。就任直後は高校、自身の大学ともに夏休み。選手たちには翌日の練習から昼食を用意するように伝え、午前、午後に2時間ずつの練習が始まった。だが、前途は多難だった。坂原が回想する。

「当時は11人の選手がいたんですが、練習が始まる時間になっても、全員がそろわない。練習に来ている選手に聞くと、『あいつ今日はバイトです』『おばあちゃん家《ち》に行くって言ってました』とか。次の日は、また別の選手が来ていなくて、『法事らしいです』。練習量を増やしていったので、『足が痛くて無理です』と言われたり。最初はそんな状況でした」

練習態度以上に坂原を驚愕させたのが、グラウンドに隣接された部室の惨状だった。床にはスナック菓子の空き袋が散乱し、外壁はスプレーでの落書きだらけ。2000年代中盤になってもなお、剥《は》がされることなく外壁に残っていた80年代の松田聖子のステッカーが、部の悪しき習慣が長年にわたって根付いていることを物語っていた。部の惨状を具現化した部室の外壁を、選手たちとともにペンキで塗り直した。地道に環境整備を進める傍ら、モチベーションアップの一環として、夏の甲子園のテレビ中継を見せることにした。

選手たちを学校の視聴覚室に集め、高校野球についていくつか質問をした。

「山口の強豪校と言ったらどこだ」

「下商（下関商）です」

「横浜って知っとるか」

「聞いたことはあります」

全国区の強豪である神奈川の横浜を「名前ぐらいは知っている」。これが、当時の下関国際の選手が持ち合わせる、精一杯の高校野球の知識と熱意だった。

「野球への思いや熱がない状態だったので、テレビで全国レベルの試合を見せて、少しでも野球への思いを強くさせたい。少しでも選手たちを野球に染めていきたいと思ってのことでした」

この日は山口代表の宇部商と、東京の名門・日大三による準々決勝が行われていた。当時の選手たちの集中力は「3回あたりまでが限度」。8回を終えて1点ビハインドの宇部商が、9回に3点を奪って5対3の逆転勝ちを収めた劇的な試合だったが、そのハイライトシーンまでには、ほとんどの選手の集中力は散漫になっていた。

夏休みが明け、高校の授業、大学の講義が再開されると、本格的に学生兼高校野球監督としての生活が始まった。大学の講義が終わるのが16時20分なのに対して、選手たちの授業が終わるのは15時50分。坂原にとって、この30分がもどかしくて仕方がなかった。

「ちゃんと選手全員が練習に来ているか気が気じゃなかった。講義を受け終えて、急いでグラウンドに向かうと、夏休み中と同じく、選手全員がそろっていることなんてほとんどなくて、大抵誰かがいない。連れ戻しに家まで行っていると、最初にいたはずの誰かがその間にいなくなっていて、今度はその選手を探しに行く。下関市内を使った大規模な〝警《けい》泥《どろ》〟をしているような気分でした」

坂原と同時期に、東亜大に通学していたのが、89年夏にエースとして宮城の仙台育英を甲子園準優勝に導き、現在は同じ下関市内にある早鞆《はやとも》の監督を務める大越基だった。大越はプロ野球引退後、坂原と同じく教員免許取得のために東亜大に編入していた。当時は所属する研究室が異なり、取り立てて会話もなかった2人だが、互いの存在は認知していた。この時期の坂原を大越はこう記憶している。

「何回か東亜の駐車場で出くわしたこともありましたけど、ペコっと会釈をしてサッとどこかに行っちゃう感じ。大学の講義で、教授が『ウチに、下関国際で監督をしている坂原君という学生がいる』と話題に出していたこともあって、『すげえ熱いやつがいるんだなあ』

と思ったことは覚えています。自分も高校野球の指導者になるために教員免許を取ろうと東亜に通っていたので、余計にそう思いました」

大越の回想を坂原に伝えると、「駐車場で会ったこと、あったかなあ……」。就任当初の出来事の多くを克明に覚えているにもかかわらず、この点だけは記憶が曖昧だった。それだけグラウンドに選手が集まっているか、気が気でなかったのだ。

5回コールド、0対38

野球の指導以前のところからスタートした監督生活に四苦八苦しながらも、就任から約2カ月がたち、就任後初の公式戦となる秋の山口大会を迎えた。初戦の豊浦戦では、夕暮れの下関球場（現・オーヴィジョンスタジアム下関）のバックネット裏から痛烈な野次を浴びせられた。

「おーい、泥棒が野球しよるぞ！」

坂原の就任直前の集団万引き事件を揶揄《やゆ》したものだった。この野次にたじろぐ選手たちを「気にするんじゃねえ！」と鼓舞しながらシートノックを打ったが、試合は0対10の5回コールド負け。完敗だった。

「この試合で野次をいただいたことで、『絶対甲子園に行くんだ』と私自身も本気になりました」

東亜大に入学した当初は、出身地である広島で指導者になることを思い描いていた。下関国際の校長宛の手紙に「3年間は下関にいるので」と記したのも、教員免許取得後に下関を離れることをイメージしていたからだった。だが、就任初日の選手たちの様子を見たことで、指導者経験を積んで終わるのではなく、「下関国際を甲子園に導く」という使命感が芽生えた。公式戦で口汚く罵《のの》られ、その思いは確固たるものとなった。強い負けじ魂を持つ男なのである。

とはいえ、当時の下関国際野球部は甲子園とは対極のところに位置し、気楽に野球をやっていた集団だ。坂原の就任で練習量が増え、練習中だけでなく、学校生活、私生活も含めた野球部の規律も多く設けられたことで、反感を覚える部員が現れる。少ないながらも10数人いた部員はみるみる減り、冬の練習を前に、当時1年生だった新谷勇介以外の全選手が部を去った。

新谷1人となっても一切練習量を減らすことなく、マンツーマンでの練習を続けたが、苦しい状況に坂原の心も揺らがないわけではなかった。もし新谷が退部し、選手が0人になってしまったら……。その時は自身の指導力のなさと受け入れ、潔く身を引こうと決めていた。そんな坂原の不退転の思いが伝わったのだろう。新谷は毎日グラウンドに現れ、黙々と練習をこなした。冬が明けると、「もう1度野球をやらせてほしい」とエースの中泉勇太ら4人が再入部を直訴。5人で新入生の入部を待った。

坂原の就任からしばらくは、公式戦だけでなく練習試合でも勝ちに恵まれなかった。その中でも、坂原の脳裏こびりついている試合がある。それが、就任3年目の07年4月に実施した、広島の宮島工との一戦だった。当時の宮島工は、前監督で95年夏に甲子園出場へと導いた広田利信が掲げた、厳格な風土が根付いていた。グラウンドは雑草の1本も許さぬほど手入れが行き届いている徹底ぶりだった。広田から沖元茂雄に監督が代わってからも、緊張感に満ちた部の雰囲気は踏襲されていた。沖元も選手時代に甲子園出場経験を持つ野球人。宮島工には、正に甲子園を目指す〝本気〟の高校野球があった。坂原は、この雰囲気を選手たちに感じさせたいと思い、練習試合を依頼した。当時は練習試合を打診しても、「大丈夫なんですか?」などと袖にされることが多かったため、半ば諦めながらの依頼だったが、沖元は快諾。オフシーズンが明けた春に遠征に赴いたのだが、結果は残酷だった。

初回は何とか3失点で切り抜けたものの、2回に19失点。2回終了までに1時間30分を要した。坂原は「天気が3回変わったんです」と苦笑する。

「試合開始時点では肌寒いながらも天気は晴れ。それが、2回から雨が降り出して、ウチの守りが続く内に、季節外れ（試合は4月4日に実施）の雪が舞い始めました」

宮島工は3回にも6点、4回には10点を追加し、最終的に0対38の5回コールドという衝撃的なスコアで試合は決した。当時の沖元の手帳には「9：50～12：00（2：10）」と試合時間が記されている。宮島工は後攻で、攻撃が1イニング少ないことを考えても異例の得点差であり、試合時間である。終わりの見えない宮島工の攻撃中、坂原の脳内は「もう練習試合をしてもらえないんじゃないか」という焦燥感で埋め尽くされていた。当時、沖元は練習試合の第1試合と第2試合の間の休憩で、学校から車で約5分のところにあるうどん屋で相手監督と昼食を共にするのが常だった。基本的に沖元のおすすめメニューである「冷やしうどん」を食べるのだが、この日はあまりにも寒く、「温かいものを食べて元気出しんさい」と、学校からほど近いラーメン屋に坂原を連れ出した。看板メニューのとんこつラーメンを2人ですすっている最中も、坂原は「すみません……」と沖元に恐縮しきり。沖元の「頑張り続けたら、絶対いいことあるから」という励ましと、ラーメンの熱いスープが冷え切った心身にしみた。

2試合目は2回に2点を挙げて意地を見せたものの、9回まで戦って2対24と、またも大敗した。坂原は、この日限りの練習試合になることを危惧していたが、翌年も沖元は練習試合を快諾した。その後、沖元が、県立広島工、現在勤務する高陽東に転勤してからも、毎年のように試合を組んでいる。沖元は「下関国際が強くなった今、坂原君に相手をしてもらっている感じですが」と笑いながら、記憶を掘り起こす。

「練習試合をさせてもらったチームとは、基本的にお付き合いを続けさせていただいています。対戦したことがあるのに、『今後はちょっと……』となるのは、実力よりもマナーの面が気になるチーム。この日は点差が開きましたけど、下関国際の選手の動きやマナーに問題は一切なかったと思います」

この日の下関国際の選手の行動で、沖元の印象に強く残っているものは特にはない。当時の下関国際には、現在のような統率性、徹底力、行動のスピード感は当然ないのだが、規律も何もなく、練習試合を拒否されることも日常茶飯事だった野球部が、少なくとも相手に不快感を与えないところまで成長したのだ。就任から約2年。勝ちには恵まれていないが、坂原が辛抱強く指導してきたことが一歩ずつ実を結び始めていた。

この年、坂原は東亜大の4年に進級。卒業と教員免許取得に必要な単位をほぼ取り終え、後は教育実習と卒業を待つのみとなった。当時、監督としては無給。それを忍びなく思っていたのが、坂原の就任翌年から下関国際の副校長を務めていた武田種雄だった。そこで、武田は坂原に学校のすぐ下にある付属幼稚園の送迎バスの運転手などをアルバイトとして依頼し、いくらか給料が入るように工面した。アンパンマンがラッピングされたバスを運転し、幼稚園の節分行事では鬼の仮装をし、クリスマスにはサンタクロースに扮して園児たちを喜ばせた。「鬼の恰好で子どもたちに豆をぶつけられたので、僕も鬼になりきって怖がらせにいきましたね」と懐かしむ。同園で幼稚園教諭をしていた、後の妻と出会ったのもこの頃だった。

08年3月に坂原は東亜大を卒業。保健体育科の教員免許も無事手にしたが、下関国際は1学年定員120人の小規模校。そのため、教員の採用数も多くはなく、坂原の卒業時点では空きがなかった。そのため、最初は校務技師として採用され、教員として採用される11年までは、大学時代と同じく朝、夕方は幼稚園の送迎バスを運転し、その後にグラウンドに向かう日々が続いた。坂原の根気強い指導の甲斐もあり、一歩ずつではあるが、部の体質は改善されていった。就任当初の惨状を思えば、大きく前進しているのだが、試合での勝利は依然として遠かった。目標に掲げている甲子園には途方もない隔たりがある中、坂原の闘志を駆り立てていたのは、幼少期から培われた勝利への執着に他ならなかった。

下関国際の正門付近から見た東亜大。大学からは、下関国際の校舎、グラウンドが見下ろせる。

落書きだらけだった壁をペンキで塗り直した以前の部室。

第二章

坂原秀尚の根源

「負けるわけにはいかない」戦い

坂原秀尚は1976年10月11日、坂原家の長男として、山口県下関市で生まれた。「秀尚」の命名は、「秀でて賢い子に育ってほしい」という、曾祖父たっての願いだったという。「電電公社」の略称が浸透していた日本電信電話公社（現・NTTグループ）に勤務していた父・義敏の転勤に伴い、小学1年までは同県の柳井市で過ごし、坂原が小学2年に進級するタイミングで広島県広島市に転居した。坂原は、春夏の甲子園に出場する際に、主催新聞社から提出を求められるアンケートの「出身地」の欄に「広島県広島市」と記入するのが常だが、まれに「下関市出身」と記載されるのは、この転居歴のためだ。父の義敏は岩国工の駅伝部出身で野球経験はなかった。坂原も小学1年までは取り立てて野球との接点はなかったが、小学2年で「テレビをつけたらカープ戦がやっていて、周りには赤い帽子を被った子どもだらけ」という〝野球の街〟広島に移り、人生を懸けて打ち込むことになる野球と出合った。電電公社の社宅横には、広くはないものの、小学生が野球遊びをするには十分なグラウンドがあり、「社宅の子どもがみんな野球をしているような感じ」。自然とその輪に加わった。同級生、上級生に交じって、毎日のように白球を追い、夕方に

『ドカベン』『キャプテン』といった野球アニメの再放送を見て気分を高め、日が暮れても壁当てを続けた。野球が楽しくて仕方がなかった。

4年生になると、地元のソフトボールチームに入団。「上級生たちが、週末にあるチームの練習に行く姿がうらやましかった」という坂原にとって、念願の本格的な競技開始だった。小学生時代は同時に水泳教室にも通っていた。小児喘息を患う息子を案じた母・恵《けい》の発案だった。坂原が記憶を辿る。

「大笑いすると発作が出て、咳が止まらなくなることがしょっちゅう。母から『アンタの喘息が出るから、もう見せん！』と、一時期『ドリフ』や『ひょうきん族』を見るのも禁止されていました（笑）。週2回の水泳に〝通わされていた〟感じでしたけど、そのおかげで喘息が治りました。喘息のままだったら、その後の野球人生には間違いなく耐えられなかった。感謝しています」

野球だけでなく、一般的な小学生らしい遊びも楽しんだ。メンコ、『キン肉マン』のキャラクターを模して作られた消しゴムの〝キンケシ〟、キックベース等々。これらに熱中する中で、現在に通ずる負けず嫌いの性分が醸成された。

「メンコもキンケシもそうですけど、僕らの時代って、『勝ったら相手が使っているものをもらえる』遊びが多かったんですよね。最後の1個をとられようものなら、明日から自分が遊べなくなってしまう。大げさに言うと、『負けるわけにはいかない戦い』が日常にあって、その積み重ねで負けず嫌いになっていったような気がします」

ある時は苦労して手に入れた「アシュラマン」のキンケシが、さほど強くないキャラクターに不覚をとって敗れてしまい、級友に持っていかれたことがあった。

「泣きそうになりましたよ。何回買って当てたことか……と思って。今となっては笑い話ですけど、当時は必死でしたから」

学校の休憩時間には、机の上で消しゴムを指で弾いてぶつけ合う、〝消しゴム落とし〟が流行った。ここでも坂原の負けず嫌いが発揮された。

「消しゴム落としでどの消しゴムが強いかを真剣に比較したりしていましたからね（笑）。僕の記憶では、意外に強いのが『MONO』。MONOと書いてある面を、カバーを外して机に押し付けると、めちゃくちゃよく止まるんです。負けると悔しくて、次の休憩時間には『オレ、この時間はちょっと練習するわ』と言って、自分の机で戦略を練ったりしていました」

その中でも、「自分の原点かもしれない」と振り返るのが、キックベースのクラス対抗戦だ。

「野球のセーフティーバントのような〝ちょろキック〟対策に、守備を1人置こうかとか、そういうのを考えるのが好きでした。あと、『○組のAチームのやつが、カーブ回転のボールを投げるらしい』というウワサが流れてくると、横のコートでやってるから、ちょっと見てくるわ、みたいな（笑）。今と変わらないですよね。小学生なりにどうやったら勝てるのかを考えていました」

試合中の〝ミス〟に対する考え方の根幹も、この時期に築かれた。凡ミスを繰り返すクラスメイトを叱責し、担任に「ミスを責めるのはよくない」と咎《とが》められた。「帰りの会」では「今日のキックベースで坂原君に怒られました」とクラスのさらし者にされたが、坂原少年はぶれなかった。

「子ども心に『なぜミスを責めたらいけないのか？』と疑問を感じていました。ミスが出る原因と対策を考えなければいけないのに、そこから目を背け、『ドンマイ』で流そうとするのが理解できなかった」

下関国際では、「グラウンドで思ったことがあれば、学年関係なく言うように」と、プレー中の問題点は学年に関係なく指摘し合う体制を取っている。その方針の背景には、小学生時代のクラス対抗戦での記憶が息づいている。

進学した広島市立五日市中学校でも迷いなく野球部に入った。当時の五日市中は1学年10クラスある超マンモス校で、野球部員は3学年で100名以上。他の部活動と併用になる校庭では練習もままならず、隣接していた広島造幣局のグラウンドを借りなければならないほどだった。選手間の競争はもちろんのこと、三重県出身で、社会人野球まで経験した監督の指導も厳しかった。野球が、小学生時代の楽しむものから、競争と鍛錬の場へと変わった。坂原は過酷な競争と練習を乗り越え、「自信があった」という肩を武器に、投手兼捕手としてレギュラーを掴《つか》む。

市内大会を勝ち抜いて県大会に出場するなど、選手として自信を得た坂原には、憧れる高校があった。それが、小学6年生だった88年夏に春夏通算7度目の全国制覇を成し遂げた、「広商」と呼ばれる広島県内屈指の名門・広島商だった。紺一色の練習用の帽子に、手芸用品店で購入した「H」のワッペンを貼り付け、レプリカを自作する筋金入り。46歳となった今も「憧れでした。行きたかったです」と頷く。下関国際では、攻撃時にベンチの選手がボールの所在地を指さし確認するルールがあるが、これも広島商伝統のベンチワークを参考にして取り入れたものだ。

その一方で、広島商、広陵といった県内の強豪を倒すことに魅力を感じる自分もいた。高校進学の際、いくつかの高校から誘いがあった。その中の一つが、「電大付属」こと広島電機大付（現・広島国際学院）だった。憧れかロマンか。迷った末、自分の実力を評価してくれた広島電機大付を選んだ。思春期の自分を俯瞰《ふかん》するように、当時を思い返す。

「広商が全国制覇した夏に、広島大会の決勝で敗れていたのが電大付属。幼いなりにその印象が強く残っていて、自分の力でチームを甲子園に連れていきたいという思いがあったんだと思います」

恩師との出会い

広島電機大付は、日本を代表するロックミュージシャンである矢沢永吉の母校で、坂原の同級生には、芸人・安田大サーカスの「クロちゃん」こと黒川明人がいた。高校1年時はクラスメイトで、「当時から変わらぬ声で、授業中に突然『先生、武器ができました！』と言っていたのを覚えています」とのことだ。

広島電機大付の1年秋に、坂原を勧誘した監督が体調不良で現場を退くことになった。その後任が、今でも「監督さん」と慕う、恩師の長延《ながのぶ》公平だった。

長延自身も広島電機大付OBで、卒業後は日本体育大に進学した。大学卒業後に縁あって母体である広島電機大のコーチとなり、付属高校の非常勤講師として採用された。前監督の指揮継続が難しい状況となり、学校側から「卒業生でもあるから、高校の方で監督をしてくれ」と請われ、92年11月に24歳の若さで母校の監督に就任した。

長延から見た高校時代の坂原は、「頑固。野球一色で、本当にストイックだった」。投手としてプレーする姿よりも、「きつそうな練習でも、まずはやってみる」という姿勢で、黙々と練習する様子が印象に残っている。大学卒業間もなかった長延は、とにかく選手たちを練習させた。当時24歳と若く、まだまだ自分の体が動くし、名門である日本体育大で揉まれてきた自負もあった。長延が回想する。

「実際は右も左もわかっていないのに、『これをやれば勝てる』と自分が一番野球を知っているような頭でいましたから。自分が知っていることを全部やらせていました。当時の教え子と話すと、『監督さん、あの時の自分たちって全国で一番練習していましたよね』と、冗談でなく真面目な顔をして言うくらい、ひたすら練習をしていました」

その過酷さは坂原ら投手陣に課されたメニューの一例を聞いただけでも伝わってくる。100本の100メートル走が、1日のノルマだった。まず100メートルを全力で駆けると、次は軽く走ってスタート地点に戻る。この一連が1本としてカウントされる。「高校時代は走っていた記憶しかない」という坂原が一番印象深いと語るメニューだ。走り切るまでに相当の時間を要するし、筋力トレーニング、野手に混ざっての打撃練習など、他の練習メニューも当然ある。全体練習の時間内に終わらず、居残って走り続けるのが常だった。

同じ本数を課されている先輩や同期たちには、本数を誤魔化す者も少なくなかった。実際のところ、ほとんどの選手が走った本数を水増しし、頃合いを見て切り上げていた。坂原もそれに気づいていたし、長延から課せられた走り込みが「上手くなるというよりも、耐える練習」であることも理解していた。けれども、自分以外の全員がグラウンドからいなくなっても、暗がりで周囲が見渡せなくなっても、長延から「もう帰れよ」と言われても、100本に到達するまで走り続けた。自分に嘘をつくのが何よりも嫌だった。

右肩を故障したこともあり、高校3年夏の背番号は11。エースでなかった坂原に登板機会が巡ってきたのは、広島大会3回戦の可部戦だった。同点に追い付いた直後の9回裏に、長延は坂原を投入した。マウンドに送り出す際の言葉は、長延と坂原で記憶が食い違う。長延の記憶では「投球練習の1球に変化球を〝投げなさい〟」。その一方で坂原は、「変化球は〝投げるな〟と言われたはず」と記憶している。

真相はさておき、マウンドでの記憶はピタリと一致する。投球練習の1球目にスライダーの握りで力強く腕を振ると、見事にボールがすっぽ抜け、呉二河球場（現・鶴岡一人記念球場）のバックネットの中断あたりに直撃した。「ガシャン！」という金属音と同時に、捕手は長延に「×」のジェスチャー。「変化球はやめた方がいい」という訴えだった。そこからはオール直球に切り替えた。長延が振り返る。

「坂原が指導者になってから育てた投手たちは、コントロールが良くて、ツーシームだったり、スプリットだったり色んな変化球を投げるんですけど、当時の坂原はほとんど変化球を投げられなかったし、ストレートは強いけど荒れる。一・三塁、いや満塁だったかな。とにかく三塁にランナーを背負って、返したらサヨナラという状況になったんです。そのときに伝令で『どこかで必ずスクイズが来る』と伝えて、本当に相手が仕掛けてきた。ほどよく荒れていたおかげでスクイズ失敗を誘えて、ピンチをしのいだはずです」

坂原のリリーフ成功もあり、広島電機大付は4回戦に進出した。だが、4回戦で、巨人、楽天でプレーした佐藤宏志を擁する瀬戸内に敗れ、坂原の高校野球は終わった。登板も先述の3回戦が最後だった。再び長延。

「坂原の代の教え子と思い出話をすると、結構『監督さん、なぜあの場面で坂原を投げさせたんですか？　点を取られたら試合が終わる場面じゃないですか』と聞かれるんですけど、なんであの場面で坂原を投げさせたのか、はっきりと思い出せないんですよね……。ヤツが逃げずに頑張っていたから、そこにかけたのかなとは思うんですが」

もう一つ、長延には思い出深い光景がある。坂原が2年だった春、島根に遠征したときのことだ。練習試合で先発した坂原だったが、1球もストライクが入らず、押し出し四球を与えたところで降板。長延から、そのままブルペンに入るように指示された。

ブルペン投球の初球で、力のある直球が見事にストライクゾーンのコーナーに決まった。すかさず長延が「それを試合で投げろよ！」と叱責すると、坂原は「投げても審判がストライクを取ってくんないんですよ！」と反論した。選手が指導者に反論するなど、言語道断の時代だ。この〝反乱〟は当然のごとく、長延の逆鱗に触れたのだが、高校時代の坂原の向こうっ気の強さと、投手としてもがいていたことを感じさせる。

坂原は広島電機大に進学して野球を継続すると決めると、もう1人同じ進路を定めた同級生がいた。2人は夏の大会終了後も練習に参加し、夏休みに実施された京都を中心とする関西方面への遠征にも帯同。遠征中にチームで甲子園観戦に訪れた。坂原が甲子園球場を訪れたのは、これが初めてだった。

1994年8月14日、甲子園球場で、福島代表の双葉と、和歌山代表の市和歌山商（現・市和歌山）の試合が行われている最中だった。目指してきた場所に初めて足を踏み入れた最初の感想は、「めちゃくちゃ広い」だった。広大な球場に圧倒されていると、ある感情がこみ上げてきた。

「ここが自分を苦しめていたんだな……」

高校野球生活の中心には、常に甲子園があった。誰もいなくなった真っ暗なグラウンドを走り続けたのも、思うような投球ができず、無力感に苛《さいな》まれながらも何度もマウンドに向かったのも、甲子園という目標があったからだった。自身を駆り立てる存在であると同時に、自分を縛り付ける枷《かせ》のようなものが、坂原にとっての甲子園だった。2年半戦い続け、憧れ続けながらも夢破れた後に向き合った〝見えない敵〟は、もがき続けた2年半をフラッシュバックさせた。同時に、この上なく眩《まぶ》しく、輝いても見えた。

この後、大学では春秋の全国大会が開催される明治神宮球場を、社会人野球では都市対抗の舞台となる東京ドームを目指して野球に打ち込んだが、高校3年夏に初めて甲子園を訪れた経験以上のインパクトを得ることはなかった。社会人野球を引退し、改めて指導者を志した際、真っ先に思い浮かんだのも甲子園だった。

坂原が下関国際の監督となった後も、同じ指導者として交流を続けた長延は、高校時代と重ねながら指導初期の坂原を振り返る。

「指導者になっても頑固。ヤツが監督になって最初の頃、まだ部員は6人だったかな、選手を連れて合宿に来たことがありました。たまたまバスが使えなかったとかで、『アンパンマン』のラッピングがされた付属幼稚園のバスで来てね。『お前、なんだよ、これ⁉︎』と驚いたのを覚えています（笑）。当時の下関国際は今よりも部活動の数も多かったので、他の部から生徒を借りて大会に出ろよと言っても、『部員がそろうまでは出ません』と頑として聞かなくてね。決めたらやり抜く。そういう男なんです」

広島国際学院が遠征用のバスを買い替える際、今まで使っていたマイクロバスの処分を決めかねていたことがあった。まだまだ使用できる走行距離の車体で、下取りに出すのが一般的だったが、車体に校名が記載されており、「塗装し直しても、うっすら見えてしまう」（長延）のが懸念材料だった。そこで、「それならば」と古い遠征バスで急場をしのいでいた下関国際に譲ることにしたのだ。長延の計らいに坂原は感謝しきりだったという。長延が譲ったマイクロバスは、役割を全うし現在は買い替えられているが、坂原は折を見て当時の感謝を伝え続けている。

長延は、第三者に坂原の話をするとき、坂原を「ヤツ」と呼ぶ。19年に系列の広島国際学院中の教頭となり、現在は広島国際学院の教頭を務めている。管理職となったことで現場を離れているが、野球への思いは衰えていない。「ヤツ」という表現には、教え子でありながらも、指導者としてはライバルと見る思いが透けているように感じられた。

高校、大学とも、広島電機大という校名の時代に卒業した坂原だが、プロフィールには、現校名の広島国際学院、広島国際学院大と記入することが多い。「見た人が少しでも現在の母校を知ってもらえるように」との思いからだ。

それを長延に伝えると、苦笑に近い笑みを浮かべながら、こう言った。

「そんなこと、しなくていいのに……（笑）。でも、そういうやつなんですよ。受けた恩は忘れない。弱かった頃に練習試合をしてくれたチームや指導者とは、必ず交流し続けてますからね。ほんと、そういう男なんですよ。ヤツは」

長延自身も、選手、指導者両方で目指した甲子園で結果を残した教え子について、こう語る。

「ヤツが結果を出したことで、〝恩師〟なんていう風に紹介されたりもしますけど、私が教えたことなんてほとんどない。ヤツがやると決めて、やり通した結果が今なんです」

第三章

苦闘の時代

4年目の公式戦初勝利

坂原秀尚が「困難は数えたらきりがありませんけど、この時期が一番苦しかった」と繰り返し述べる期間がある。それが、監督に就任した2005年8月から、自身の公式戦初勝利を挙げる08年5月までの約4年間だ。

練習から姿をくらます選手がいれば、「車よりも小回りが利いて便利だった」という自転車にまたがって下関市内を捜索に駆け回る。大学の講義が終わるやいなや、一目散にグラウンドに向かい、納得がいくまで選手と向き合う。ひょんなことからスタートした下関での大学生兼監督生活も板に付いてきた頃だ。だが、坂原の初陣となった05年秋の山口大会を皮切りに、監督就任以降の公式戦は全敗。練習試合でもわずか1勝にとどまっていた。坂原の熱意にほだされ、選手も日々の厳しい練習に食らいつくようになるなど、部の雰囲気は改善されつつあった。確実に前進していたのだが、公式戦勝利という目に見える結果、〝努力の証し〟が手に入らない。これが坂原と選手たちを、とことん苦しめた。

観客から心無い野次を浴びた、坂原にとっての初陣だった05年秋の山口大会以外にも悔しさを味わった。新谷勇介の踏ん張りで野球部が存続し、新入生を加えて臨んだ06年春の山口大会。下関中等教育との初戦だった。この試合で、坂原は選手たちにある秘策を授けていた。

下関国際では、二塁走者としてリードをとる前に、必ず確認しなければならないチェックポイントを設けている。それが、二遊間の守備位置と投手の足だ。

「二塁ランナーがリードをとるとき、まず二遊間の守備位置を見て、けん制をしてきそうかを確認します。その後、チェックしないといけないのが投手の足の位置。ルール上、投手がボールを持っていない場合はマウンドのプレートに触れることができません。なかなかプレートに足をふれない場合は、内野手がボールを持っていて、不用意にリードするとアウトにされる可能性がある。だから必ず投手の足を最後にチェックしてから、リードをさせます」

社会人野球時代に口を酸っぱくして教えられた作法で、選手たちにも常々伝えていた。これを守備に応用しようと考えたのだ。

「守備の際に、いつもランナーとして確認していることを、相手のランナーもしているか注意してみるように伝えました。きちんと確認せずにリードをとる選手だったら、二遊間がボールを持ったまま待っていればアウトにできる。状況を見ながら狙っていってもいいぞと話していました」

いわゆる〝隠し球〟で、「ゴロ、フライのどちらも確実に捕れると言えないレベルだったので、何とかアウトをとる手段の一つとして」選手たちに教えていた。

この試合で、実際に下関国際は隠し球を成功させた。坂原の秘策が決まり、下関国際ナインは盛り上がったが、二塁塁審が信じられない言葉を述べた。

「本当はアウトなんですが、フェアなプレーではないので、セーフとします！」

判定に坂原は憤った。

「チームに技術がない中で何とかアウトをとろうとやってきたことを、〝フェアじゃない〟という一言で片づけられたのが悔しくて……。監督の自分が教えたことを一生懸命やろうとした選手の姿勢までも否定されたように感じて、納得できませんでした」

坂原は異議を唱えたが、判定は覆らなかった。監督となって17年が経つ今も「監督人生で一番抗議した試合かもしれません」と振り返る。

コールド負けは回避したが、試合は2対6で敗れた。豊北球場から学校へ帰るバスの車中で、選手たちは悔しさから涙を流し、ある選手は坂原に問うた。

「僕たちがやったプレーは間違っていたんですか？」

坂原は「間違ってなんかいない。今やっていることは絶対に報われるから」と返した。

奮闘する自分に言い聞かせるような力強い口調だった。

監督就任後、初めての夏の大会である06年夏にも屈辱を味わった。初戦で宇部高専に5対12の7回コールド負けし、宇部市野球場（現・ユーピーアールスタジアム）の外周でミーティングを行った。

だが、坂原の話を聞く選手たちの様子がどこかおかしい。ちらちらと球場の方角に目をやる。坂原は最初「負けたことで気が落ち着かないのかな」と思っていたが、すぐに理由がわかった。

「ぴちょんっ！」

外は快晴にもかかわらず、右肩に液体が降りかかった。球場のスタンドの隙間から何者かが、坂原と下関国際の選手に向かって唾液を吐きかけていたのだ。咄嗟《とっさ》に坂原がスタンドを睨《にら》むと「高校生ぐらいの集団」が身を隠すのが見えた。選手に「いつからやられてた？」と聞くと、「ミーティングが始まってすぐです」との返答。懸命に野球をしているだけなのに、なぜここまで虐《しいた》げられなければならないのか。悔しいでは片づけられない、大きな憤りを感じた。

敗れる度に、選手たちは「ここまでやっても勝てないのか……」と肩を落とす。敗れた相手の中には、坂原が部内規則で禁じていた、炭酸飲料やスナック菓子、携帯電話の使用を一切制限なく行えるチームもあった。相手よりも厳しく野球に向き合っているにもかかわらず、試合では競り負ける。この事実に、新しい文化、雰囲気を築きつつあった新生・下関国際の選手たちは、より一層落ち込んだ。苦悩する選手たちの姿を目にする坂原も、「自分が監督をしない方が選手のためなのではないか」と、就任時に誓った「甲子園に行く」という決意が揺らぎかけた。歩けども、歩けども出口が見えてこない、長いトンネルの中にいるような気分だった。

08年春の山口大会初戦は、終盤まで互角に競り合いながらも水産（現・大津緑陽）に6対8で敗れ、これで公式戦は9連敗に。だが、同年夏前に、一筋の光が差し込んだ。当時夏の大会前の最後の公式戦として、5月末に開催されていた「会長旗争奪大会」が、坂原と選手たちにとって、大きな転機となった。

初戦の相手は下関西。4回に1点を先制されるも、5回に一挙6点を挙げるビッグイニングを作り、相手を圧倒。7回にはダメ押しの1点を追加した。守ってはエースの福本隼人が4回以降、スコアボードにゼロを並べ、7対1で完勝。喉から手が出るほど欲しかった公式戦初白星を、ついに手中に収めた。

試合会場である下関球場から学校へと戻り、坂原の運転するバスで校門へと続く坂を上ると、校長の武田種雄が坂原と選手たちの帰りを待っていた。武田は度々「坂原、野球を頑張れよ！」と声をかけてくれる、校内における野球部の一番の理解者だった。

「よかったなあ……」

武田の一言に坂原の涙があふれ、労う武田からも涙がこぼれた。長い雌伏の時が、一つ報われた瞬間だった。

さらに同年夏の山口大会では、初戦で徳佐（現・山口徳佐分校）に、11対1の6回コールド勝ち。初回を除き、毎回得点を記録する攻撃力を見せ、坂原にとっての夏初勝利を挙げた。

初の公式戦白星と夏初勝利を立て続けに達成した08年には、もう一つの転機があった。それが、後に下関国際初のプロ野球選手となる宮崎敦次の入部だった。

当時の坂原は「公式戦で勝つまで、自分から選手を勧誘することはしない」と決めていた。何とか試合ができる選手数はいたものの、慢性的に部員が不足しており、この時もギリギリの状況だった。新入生の名簿を見て、野球経験者に片っ端から電話をかけるのが、年度替わりの坂原の恒例行事だった。

名簿には中学時代に野球部で控え一塁手だった、宮崎の名前もあった。電話で坂原から「練習に来てみないか」と誘われ、宮崎は「1度行きます」と返事。坂原は、てっきり翌日に現れるかと期待をしていたが、待てど暮らせど宮崎は来ず。「たしか、電話の2日か3日後」（坂原）に、グラウンドに宮崎が姿を現した。当時の印象を坂原が振り返る。

「もともと高校で野球をやるつもりはなく、自動車工作部という、カートを作ったりする部活に入ろうと思っていたとのことでした。最初の印象はとにかく声が小さかったこと。声が聞き取りづらくて、何回も『え？』と聞き返したことを覚えています」

中学時代は投手経験がなかったが、左投げだったため、1度ブルペンで投げてもらった。この投球練習が大きなきっかけになった。

宮﨑がボールを投じると、坂原が唸《うな》った。

「いいボールじゃないか！　なんで投手をやってなかったんだ？」

この一言が宮﨑の心をくすぐった。

「中学では練習試合に出場することはあったんですが、公式戦は出場ゼロ。野球で褒《ほ》められるのは人生で初めてとのことでした」

坂原は、宮﨑の初投球をこう記憶する。

「中学では投手はしていなくて、控えの一塁手だったみたいなんですが、上半身の動かし方に変な癖がなくて、面白いなと。体重移動の感覚を教えたら、グングンよくなっていきました」

このブルペン投球で、宮﨑は入部を決意。公式戦初勝利を手にした08年は、宮﨑を含めて3人の1年生を迎えてスタートしたシーズンだった。

その1年後、09年春の山口大会の初戦は、前年に敗れている水産との再戦だった。1年前と同じく拮抗したシーソーゲームとなり、9回表の水産の攻撃が終わった時点で、5対4と水産がリード。追い込まれた下関国際だったが、その裏に2点を奪い、6対5の劇的なサヨナラ勝ち。この試合で5失点しながらも粘り強く完投したのが、当時2年生の宮﨑だった。

チームが少しずつ勝ち方を覚えていく中、坂原にとって4度目の夏である09年の大会で、下関国際の名が初めて山口の高校野球界に轟いた。

1回戦は、昨年と同じく徳佐との対戦だった。中盤に先制し、後半も着実に加点する試合運びで、7対0の8回コールドで完勝。この試合で先発し、終盤に宮﨑にバトンを渡したのが、新入生の大槻陽平だった。坂原が回想する。

「当時大槻の直球が120キロちょっと。緩いカーブは下関球場に設置されているスピードガンで〝計測不能〟でした。遅すぎてです。でも、このカーブが効果的だったんですよねえ」

新戦力の台頭は、チームを加速させた。2回戦では、同じ下関市内の私立校である早鞆と相まみえた。この年の5月、元プロ野球選手が高校野球で指導者になるために必要な学生野球の指導者資格を取得し、早鞆の副部長に就任していたのが前述した大越基だった。

大越が記憶を掘り起こす。

「夏が終わってから監督になることが決まっていたので、これからどう指導していこうかと頭がいっぱいで、あまり細かく試合内容を覚えていないんですが……。相手打線に投手陣が捉えられていたので、投手陣を含めて、一から作り直さないといけないと感じたことは覚えています」

大越にそう思わせるほど、下関国際打線は好調だった。初回に3点を先制し、試合の主導権を握ると、2回に1点を返されたものの、以降は点を許さず、最終的に7対1で勝利した。初戦とは逆に、宮崎が先発、大槻がリリーフの継投策も見事に決まった。

初の夏2勝を挙げた下関国際の勢いは、まだ止まらなかった。3回戦の相手は、公式戦初勝利を挙げた前年の会長旗大会の2回戦で完敗している下関商。秋、春に比べ、客足の良い夏であること、地元の下関球場で伝統校である下関商の試合があること。オールドファンを中心に、多くの観客でバックネット裏は埋め尽くされた。

下関国際にとっては、〝アウェー〟とも言える雰囲気だったが、選手たちはたじろがなかった。先発の大槻は、1年生らしい、怖いもの知らずのマウンドさばきでアウトを積み重ね、5回までを1失点に封じた。例の〝計測不能〟のスローカーブが、下関商の主力打者のタイミングを狂わせた。打線も計9得点をたたき出し、鍛えた攻撃を見せつけた。

結局、下関商は最後まで大槻を打ちあぐね、9対3で下関国際に凱歌が上がった。坂原の就任後はもとより、部の歴史としても初めての県8強進出だった。

バックネット裏では、下関商の雄姿を見届けようと訪れたファンの一部が敗戦に腹を立て、暴動を起こす一幕もあった。通報を受けた警察が球場に駆け付ける状況が、下関国際の金星と8強進出の衝撃の大きさを如実に示していた。

夏の山口大会の準々決勝以降は、山口市にある「西京スタジアム」（現・山口マツダ西京きずなスタジアム）で行われる。3回戦までは山口、宇部、萩の3市を中心とした「山宇萩」。防府、周南の2市が軸の「防徳」。岩国、柳井の「岩柳《がんりゅう》」。そして「下関」の4地区に分かれ、それぞれ最寄りの球場で開催される。秋、春の準々決勝以降は、4地区いずれかの球場で行われ、原則、西京スタジアムが使用されることはなく、夏の甲子園を懸けた戦いで、かつ8強まで勝ち進まなければ立つことができないのが西京スタジアムだ。あくまで高校野球の聖地である甲子園への過程ではあるものの、同球場は山口県高校野球における聖地とも言える。そこに、坂原と下関国際は足掛け5年でたどり着いたのだ。

初の西京スタジアムで戦った、華陵との準々決勝は0対12の7回コールド負け。冴えわたっていた大槻と宮﨑の継投も攻略され、打線は本格派右腕の安達央貴らに歯が立たず、この年の優勝校に完敗した。

初めて手にした夏3勝と、甲子園にたどり着くまでに必要な〝あと3勝〟。手ごたえと課題の両方を得た、躍進の夏が終わりを告げた。

生まれ変わった問題児

春夏秋を通じて下関国際の最高成績である2009年夏の8強は、大槻が3年となった11年夏の4強入りで更新された。この成績をさらに超えたのが15年だった。

自チームの投手を「いい投手ですね」と報道陣に褒《ほ》められると、坂原が決まって口にするフレーズがある。

「そうですか。ありがとうございます。でも、僕はやっぱり小山が好きなんですよね」

この「小山」とは、15年のチームで、主将、エース、4番の重責を担った小山司を指す。小山も下関国際野球部の歴史を語る上で欠かせない選手の1人だ。

小山らの世代が入学した13年春。体育教師の坂原に、「先生〜。今日の授業なにやるん?」とタメ口を利き、坂原に「今日は学期始めだから、体を慣らすために体操をやるぞ」と一蹴され、「ちぇっ! バスケじゃねえんか」と悪態をつく長髪の集団がいた。その中に小山がいた。

下関市立安岡中学校時代は軟式野球部でプレーしていたものの、3年春に退部。下関工（現・下関工科）の入試に失敗し、下関国際に入学した後も、野球部には入っていなかった。仲間と下関市内で遊んだり、軽音楽部に出入りしたり。ぼんやりした高校生活を送っている中で、小山の問題行動が目立つようになっていった。入学から1年生の秋までに、処された停学は実に3回。退学の危機に直面し、息子を案じた小山の母が、担任を通じて坂原に「少し話をさせてもらえないか？」と打診してきた。

13年秋の山口大会2回戦で長門に5対10で敗れ、来春に向けて再スタートを切った10月中旬だった。小山にとっては3回目の停学による自宅謹慎の最終日、母に連れられ、小山がグラウンドにやってきた。小山の母は「野球部に入って、坂原監督に息子をたたき直してほしい」と相談の意図を伝え、「練習の邪魔をするのは申し訳ないから」と練習終了まで駐車場に停めた車で息子と待機した。

練習が終わり、バックネット後方にある監督室に小山親子を招くと、母は再び「息子を野球部に受け入れてほしい」と坂原に懇願した。この時、母が浮かべていた、思わず気圧されるほどの「めちゃくちゃ怖くて、険しい顔」は、今でも坂原の脳裏に焼き付いている。

何とか野球部に受け入れてもらおうと切望する母に対して、小山本人は「絶対嫌だ！やめてくれ！」と喚《わめ》いていた。まるで子どもが駄々をこねるように抵抗した。坂原への依頼を終え、母は「私は車で待っておきますので、あなたは野球部に入る覚悟ができるまで、戻って来ないでください」と小山に伝え、一足先に駐車場に向かった。監督室で小山と2人きりになり、坂原が語りかけた。

「やるというのであれば、オレは受け入れる」

坂原にも当然迷いがあった。改心させることができればいいが、校内で問題行動を頻繁に起こしている小山を受け入れ、何か不祥事が起きた場合、その責任を取るために野球部の公式戦出場や対外試合に影響が及ぶ可能性があったからだ。日々野球に打ち込んでいる選手たちを間近で見ている坂原にとって、それは何としても避けたかった。

だが、既に3度の停学処分を受け、退学勧告を受けかねない小山を案じてもいた。中学では途中で野球を辞め、何かを最後までやり遂げたことがない。当時は部員数も少なく、人数的にも受け入れることは十分可能だ。野球部で、一つのことをやり抜く経験を積ませたいとも感じた。リスクヘッジと監督就任当初に雑草だらけのグラウンドで抱いた時と同じ使命感。坂原に二つの思いが去来する中、小山は終始及び腰だった。

「無理、無理だって先生。マジでごめん。断って」

坂原にタメ口を利きながら首を振り、母の入部依頼を断ってもらうように切望した。日ごろ学校で見せる生意気な態度とは異なり、たじろぐ小山に、坂原は「野球に打ち込んで、まっとうな人間に変われ」などとは言わなかった。11年夏の県4強を超えようと毎日練習をしていること、本気で甲子園を目指している野球部であることを伝え、「覚悟があるならば、その目標に向かって一緒にやってみないか」と投げかけた。

だが、約1時間にわたる小山との話し合いは平行線をたどり、とうとう本人から前向きな言葉は聞かれなかった。小山は最後に「もう1日考えさせて」と伝えると、監督室から飛び出すように駐車場へと向かった。車に乗り込み、運転席の母に一刻も早く出発をするように伝えるも、母は車を出さず、少し遅れて駐車場に来た坂原に歩み寄った。

「小山は『結局監督に入部を断られたわ』と伝えて、事を収めようとしていたと思うんですが、お母さんは『どうでしたか？』と、自分の話を聞いてくれて。野球部としては受け入れるけれど、本人からは『もう1日だけ考えさせてください』と言われていますと伝えました。お母さんからは『ありがとうございます』と言われましたけど、小山本人があんな様子だったので、正直来ないだろうなと思っていました」

明くる日、朝練習の時間に坂原がグラウンドを訪れると、小山が監督室の前に立っていた。それも、昨日までのチャラチャラとした長髪ではなく、丸刈りに風貌を変えて。小山が当時を振り返る。

「母からの『絶対行きなさい！』という圧力が一番だったんですけど……（笑）。ですが、監督さんにあれだけ親身になっていただいたし、自分としても『このままではいけない、変わらなきゃ』という思いが心のどこかにあって、練習に行こうと思いました」

　こうして小山司の、少し遅れた高校野球の幕が開けた。

　小山が入部した13年10月は、山口県の1年生大会がスタートしている時期でもあった。当時の1年生は小山を含めて13人。背番号13を着けた小山にも出番が回ってきた。「9番・右翼手」でスタメン起用したが、守備では打球とは違う方向にスタートを切り、何とか落下点に入ってもフライを落とし、打席に立てば、空振りを繰り返した。

「本当に中学で野球をしていたのか？　と思いながら見ていました（苦笑）。中3の春に野球を辞めてから、ろくに運動もしていなかったので体力もない。試合の終盤にはバテバテで、ゼーゼー言っていて。申し訳ないけど、こりゃ無理だなあと」

　1年生大会が終わると、走り込みなど、厳しい冬のトレーニングへと練習が切り替わる。この年の年末年始は、坂原が「歴代で一番と言っていいぐらい厳しくやった」と振り返るハードトレーニングが課された。

　当時は下関市内から通う選手が多かったが、始発電車を待っていては朝練習の開始に間に合わない。選手のほとんどは日が昇る前から自転車を漕《こ》いでグラウンドへ向かった。グラウンドの外周を走る「８００メートル走」を、全員が規定の時間内に走り切れるまで繰り返すなど、質、量ともに濃い練習に取り組む日々。小山は何度も逃げ出しそうになり、練習開始時点でグラウンドに姿を見せないこともあった。その度に坂原が自宅に駆け付け、母が強引に小山を部屋から引っ張り出して坂原に引き渡す……。そんな光景もしばしば見られたが、坂原が「強い結束力があって、チームの礎になってくれた世代」と評する1学年上の先輩たちに励まされながら、練習に立ち向かうようになっていった。事実、厳しさに耐えかねて1年生5人が退部したが、小山は辞めなかった。冬の練習で衰えていた体力面が補強され、小山は2年生だった14年夏の山口大会でベンチ入りを果たした。だが、ここで〝事件〟が起こる。

小山が、大会前に部で禁止されている眉毛剃りをしてしまったのだ。ベンチ入りできない3年生もいる中での小山の部則違反に、坂原は激怒。メンバーから外そうともしたが、3年生たちは「自分たちは大丈夫です。小山をベンチから外さないでください」と坂原に進言した。少しずつ本気で野球に取り組むように変わっていった小山の姿を間近で見ていたからだった。坂原は3年生の思いを汲み、マジックペンで小山の眉毛を描いて大会に出場した。この夏は、3回戦で下関工に2対8で敗れ、16強にとどまった。小山ら8人の2年生が最高学年となると、チームにとっても、小山にとっても大きな転機が訪れる。8月の広島遠征のことだった。

この頃、坂原の高校時代の恩師である長延公平ら日本体育大出身の指導者たちが率いるチームが広島国際学院に集い、数日間のリーグ戦形式で試合を重ねるのが恒例となっていた。この交流戦は、日本体育大独自の応援スタイルをもじり、「エッサッサリーグ」という愛称がある。

発足当初は日本体育大出身の指導者が率いる学校のみの参加に限定していたが、参加校から「リーグと地区のレベルアップ、活性化のためにも、出身者の教え子のチームは参加OKにしよう」との提案があり、長延の教え子である坂原率いる下関国際も参加できるようになり、以降、毎年のように参戦していた。この年は、大阪の強豪・履正社もエッサッサリーグに出場。率いる岡田龍生（現・東洋大姫路監督）が日本体育大出身で、甲子園を逃した年は広島遠征に訪れるのが恒例だった。リーグ期間中、広島県外から訪れる学校は、広島国際学院の校舎を宿舎代わりに利用するのだが、長延曰く「山田哲人（現・ヤクルト）も下級生のときに校舎に泊まっていますよ」とのことだ。

連戦かつ通常の練習試合よりも多い試合数をこなすため、当時2学年で16人しか選手のいない下関国際は、当然投手の頭数が足りなくなる。そこで、坂原は「キャッチボールを見ていても、指先の感覚のよさ、形のよさがあった」という小山をマウンドに上げた。

中学時代は内野手で、投手経験はなし。新チームでは中堅手としての出場が主で、あくまで試合をこなすための〝練習試合用投手〟として登板した小山だったが、ボールは終始ストライクゾーン付近に集まった。が、履正社の強力打線を抑えるだけの球威はなく、試合は7回コールド負け。ただ、投手・小山は打たれながらもアウトを積み重ね、試合終盤まで大きく制球を乱すことはなかった。

この試合以降、坂原は小山を「4番・投手」で起用するようになる。加えて、未定だった新チームの主将にも小山を任命した。坂原が回想する。

「小山の投手としての資質を見出して……とかではないんです。履正社との試合もただ投げているだけで、アウトも遅いボールを相手が打ち損じてくれたものでした。この時点では、まだ自分も小山を信用できていなくて、練習から逃げないように、あえて一番責任のある立場に小山を置こうと思ってのことでした」

坂原の狙いに反して、小山は夏休みの遠征以降も何度か練習から逃げ出したが、夏と同じく3年生が小山を救った。坂原が言う。

「下関国際では、最後の夏が終わっても3年生が練習に参加して、次のステージに向けての練習や後輩のサポートをするのが伝統となっています。その文化ができたのが、14年の3年生たちの代でした。3年生が自分たちの公式戦が終わってからも献身的にチームを支える姿を見て、小山も少しずつその思いを感じ取れるようになっていきました」

エースナンバーを背負って臨んだ14年秋の山口大会では、1回戦で宇部商と激突した。この秋、宇部商は準優勝するのだが、その強敵に対して小山は2失点で完投してみせた。打線が相手投手を攻略できず0対2で惜敗したが、投手経験わずか2カ月と思えぬ好投だった。

この頃、坂原の「小山を寮に入れさせてほしい」という打診に、小山の母が「ぜひお願いします」と快諾する形で、寮として利用していた借り上げのアパートに小山も住むようになった。秋の悔しさ、徐々に理解し始めた自身の立場と先輩たちの思い、整いつつあった野球に没頭できる環境が、小山を変えていった。練習への意欲も増し、「好きなものしか食べていなかった」自宅通い時代とは違い、寮生が食堂として利用していた市内の「新下関食堂」で栄養バランス、量が考えられた食事を取るようになり、技術、体格とも向上しつつあった。ところが、12月になると秋の公式戦以降は練習から逃げていなかった小山が、忽然と姿を消した。

小山が姿を消した日は、下関国際の教職員の忘年会が予定されており、坂原は途中から練習をコーチに託し、会場へと向かわざるを得なかった。いつものように捜索できないことが気がかりだったが、小山の母から「親戚の家にいました」との連絡を受け、忘年会の会場からタクシーに飛び乗り、市内の親戚宅に駆け付けた。

玄関を開けると、小山の母が正座をして待っていた。その表情は、10月に小山を連れてグラウンドに現れたときの険しさとは異なっていた。

「毎日家で顔を合わせていた頃と違って、小山が寮に入って離れて暮らすようになったので、我が子かわいさ、子どもを心配する表情に変わっていました」

そして、小山の母は常に強気で気丈だったこれまでと違う不安げな雰囲気で、坂原に告げた。

「奥に司はいるんですけど、今日はこちらで預からせてください」

この申し出に対し、坂原は間髪入れずにこう返した。

「お母さん、そうしてしまうと、2度と戻って来られなくなります。今まで『今日は』『今回は』と言った選手が戻ってきたことはありませんでした」

坂原の言葉に、母はハッとした表情を浮かべ、覚悟を決め、小山を奥の部屋から連れてきた。うなだれながら現れた小山の眉は、夏同様になくなっていた。

「なんで逃げると眉毛がなくなるんだよと思って、『お前にとって眉を剃るのは何が目的なの？』と聞いたんですが、はっきりした答えが返ってこなくて。それから今日何をしていたのか聞きました。すると『眉毛を剃って、ロッテリアに行って……』と。結局いつもと同じで市内をウロウロしていたんですよね」

小山は坂原に連れられて寮に戻った。翌朝寮から姿を消していないかが気がかりだったが、無事に朝の練習から復帰。それからは、練習で手を抜かなくなり、年が明けて2月になってからは、一切グラウンドから逃げ出すこともなくなった。

小山の人間的な成熟に伴い、チーム力も高まっていった。それが結果として現れたのが、15年春の山口大会だった。

坂原が「もともとこの代のエースと思っていた」という中島弘喜の完封で初戦の大津緑洋戦を突破すると、下関中央工との2回戦で、今度は小山が公式戦初完封。続く3回戦の豊北戦でも小山の投球が冴え、チームとして3試合連続の完封勝ちを収めた。坂原が振り返る。

「実は3回戦の前に小山が高熱を出していて、何度も止めたんですが、『自分が投げます』と言って聞きませんでした。大丈夫なのか不安であるのと同時に、今までの小山になかった『チームのために自分を捧げる』気持ちが見えるようになってきて、頼もしく感じたのを覚えています。ストレートは最速でも130キロ、常時120キロ台中盤から後半という感じだったんですけど、よく抑えてくれたなと思います」

準々決勝以降も小山の気迫は衰えなかった。準々決勝では柳井学園に5点を奪われながらも完投し、打線も主将・小山の力投に応え、10対5で逆転勝ち。徳山商工との準決勝でも2失点完投し、5対2で春夏秋通じて初の決勝進出にチームを導いた。

決勝の相手は、その年の春のセンバツに出場した宇部鴻城。強豪に対しても果敢な投球を貫き、1失点完投で、中盤までに築いたリードを守り切った。

下関国際に初の山口制覇をもたらしたのは、2回戦から5試合連続完投した小山の鉄腕だった。

決勝を終え、坂原と下関国際ナインが、会場のビジコム柳井スタジアムの外周に出ると、観戦に訪れていた恩師の長延公平が待っていた。当時、長延自身が1度も成し遂げられていなかった県制覇を果たした教え子を祝おうと、長延は正座をして「参りました！」と叫んだ。冗談好きの長延らしい祝福だが、坂原は「監督さん、何やってるんですか！　やめてください！」とタジタジだった。

優勝後も、小山の表情は緩まず、「戦う顔つきだった」（坂原）。小山の口から「監督さんを裏切ることはできない」という言葉が度々出るようになったのも、この頃だった。

春を制し、前年の秋王者でセンバツ出場の宇部鴻城とともに優勝候補の一角に挙げられて臨んだ15年夏の山口大会でも、小山はチームの支柱として機能した。

10年目の決勝進出

この15年の夏、坂原には期する思いがあった。監督就任間もない頃は副校長として、以降は校長として野球部を支えてくれた武田種雄が、本年度を最後に校長を退くことが決まっていたのだ。長らく県立校の教諭を務めていた武田は、98年、01年に当時、校長として勤務していた下関中央工業が夏の決勝まで勝ち進む経験をしているが、いずれも準優勝に終わった。時々「オレが校長をしていると、甲子園行けないんだよなあ」と自虐的につぶやくのが、坂原には気がかりだった。武田の校長在任期間中に甲子園に出場する。これが、いつしか坂原のモチベーションになっていた。

初戦は、中島と1年生の岸田峻輔のリレーで西市打線を封じ、8対0の7回コールド勝ち。2回戦は、前年夏に敗れている下関工とのリベンジマッチとなったが、2年生リードオフマンの仁木敦司の二塁打など、二桁安打を浴びせて9得点を奪い、守っては小山の1失点完投で完勝した。坂原が振り返る。

「初回に仁木がインコースを引っ張り込んで二塁打。それで相手バッテリーが内に投げづらくなって、外の球にガンガン踏み込んでいけるようになりました。前の年は下関工に負けて夏が終わって、それからも当時の3年生たちがバッティングピッチャーをしてくれた。その思いに応えたい、先輩たちの悔しさを晴らしたいという気持ちが小山を中心に出たゲームでした」

3回戦は小野田を10対1の7回コールドで退け、4強入りした11年以来となる、夏の西京スタジアムに乗り込んだ。光との準々決勝では、小山が粘り強く試合をまとめて完投し、6対2で勝利。夏の最高成績である4強に並ぶと、準決勝は劇的な試合となった。

相手は春の決勝で対戦した、優勝候補本命の宇部鴻城だった。5回に小山が喫した3失点が重くのしかかり、8回を終えた時点で0対3。〝大会ナンバーワン投手〟の名を欲しいままにしていた宇部鴻城のエース右腕・上西嵐満《らんま》の投球も冴え、敗色濃厚なムードが西京スタジアムを包んでいた。だが、9回の攻撃で下関国際が厳しい練習で培った粘りを見せる。2死満塁のチャンスを作り、岸田の2点適時打で1点差に迫ると、続く小林龍成が走者一掃の三塁打を放ち、一気に逆転。土壇場でこの試合初めてのリードを奪った。9回裏、宇部鴻城は2死から一、三塁のチャンスを作るも、最後は小山が踏んばり4対3で逆転勝利。夏では初めての決勝戦にたどり着いた。

下関商との〝下関対決〟になった決勝戦は、準決勝まではわずか1失策だった守りが3回に乱れ、3失策を献上しての3失点。4、5回にも追加点を許し、1対5で敗れた。

坂原に試合後の記憶は、ほとんど残っていない。坂原が回想する。

「もう悔しくて、悔しくて。監督の自分が甲子園を意識し過ぎて、準決勝までと様子が違っていたから、それが選手たちに伝わって、ここまで崩れなかった守備が乱れた。記者の方々の質問にどう答えたかも覚えていないんですが、翌日の新聞を見たら、『着実に一歩ずつ進んでいる。『下関国際』と甲子園のスコアボードに入れるまでは諦めない』（みなと山口合同新聞社『山口新聞』２０１５年7月29日付け紙面）と自分が言ったと書かれていて、そう答えたのかな、そうなんだろうなと思っていました」

悔しさと同時に、大きな疲労感も押し寄せていた。坂原が続ける。

「春の優勝から夏の決勝まで、色々なことがあったので、ドッと疲れましたね。同時に小山たちとの野球が終わる寂しさを感じていて。野球部員じゃないところから始まって、本当に濃い時間を過ごした選手だったので……」

小山は下関国際を卒業後、坂原の母校である広島国際学院大に進学し、主力投手として活躍した。その後は現役続行への望みをかけて、独立リーグのテストを受験するも不合格。現在は、下関に戻り、会社員として日々を過ごしている。高校時代の同級生と結婚し、父親にもなった。高校最後の夏から約7年が経過した今、小山は坂原と過ごした時間をこう表現する。

「野球はもちろんですが、監督さんに『人はどうあるべきか』『男としてどう生きていくべきか』を教えていただいた、示していただいた毎日だったと思います。母親にも監督さんにも迷惑をかけてばかりだったんですけど、最後まで見捨てずにいてくれて。僕たちが高校3年の夏は、監督さんにとって、ちょうど10回目の夏でした。その節目に甲子園初出場で恩返しできていたらなあ、と今でも思います。ですが、2年後に後輩たちが甲子園に行ってくれて、22年の夏は甲子園で準優勝してくれて、嬉しかったですね」

当初、小山を受け入れることに及び腰だった坂原だが、小山とともに過ごした約2年間は、「ここまで人は変われるんだ」と実感させられる時間だった。指導者の向き合い方次第で、いくらでも高校生は生まれ変わることができる。坂原は「高校3年間、この約1000日を預かるということは、人生を変えるに十分な時間だと思う」と表現している。

当時校長だった武田種雄は、正門をくぐってすぐのところにある校舎玄関の前の階段で、公式戦初勝利を挙げた坂原と選手たちの帰りを待っていた。

第四章

勝負師になる

直感

監督としての坂原秀尚は、就任当初からどんなときでも敗因を選手のせいにしなかったと多くの人が証言する。戦力が心もとない年でも「今年は選手がいないから厳しい」というような弱音は吐かない。この坂原のスタンスが確立されたのが、甲子園出場経験もある同じ山口県の実力校、南陽工を率いる山崎康浩との出会いだった。

山崎と坂原が初めて顔を合わせたのは、夏の大会が終わり、新チームが始動して間もない2007年8月のことだった。間を取り持ったのは、この年の1月、山口県周南市に野球用品店の「周南スポーツ」を開業した高瀬英明。坂原の大学時代の後輩であり、南陽工のOBでもあった高瀬を通じて、坂原が南陽工に練習試合を依頼したことが始まりだった。

山崎にとって、下関国際は全く無縁の学校というわけではなかった。話は、山崎が大学を卒業し、故郷の山口で教員となって間もない頃、下関中央工で監督を務めていた時代にさかのぼる。山崎が回想する。

「私が大学を卒業して野球部に携わった時の下関中央工は無茶苦茶だったんです。公式戦は16連敗中。16大会連続1回戦負けで、そのうち14大会がコールド負け。2年目に監督になったんですが、練習試合をしてもらえる相手が3校しかありませんでした。下関第一（現・下関中等教育学校）、先輩が監督をしていた豊北（現・下関北）、そして下関。今の下関国際ですね。下関の吉岡監督に大変お世話になっていました」

この「吉岡監督」とは、実は、東亜大在学中の坂原の手紙を受け取った05年当時の校長だった吉岡将年のことである。山崎が続ける。

「それからの下関中央工は、夏は3度決勝に進出して、春の中国大会で優勝するようなチームに成長してくれたんですが、失礼な言い方になりますが、下関国際はずっと旧態依然という感じでした。吉岡先生も監督から降りられて、そのうちご縁がなくなって」

すっかり疎遠になっていた下関国際と再び練習試合をすると決めたのは、OBの高瀬の熱心な依頼だけでなく、自身の経験にも起因していた。

山崎は下関中央工の監督就任当初、付き合いのある3校以外の学校とも何とか練習試合ができないかと、電話でお願いして回っていた。まだ携帯電話が広く普及していない時代だ。校務の合間に職員室の電話を握りしめ、「お願いします」と必死に請うも、冷たくあしらわれた。その度に、山崎の心中には憤りと納得が同居していた。

「そりゃやらないですよ。やったとしても、うちが初回に10失点するんですから。わかりますけど、強くなったら今度は断ってやろうと、いつも思っていました（笑）」

練習試合の候補に振られっぱなしだったある日、山崎は意を決して、福岡の名門校である東筑に電話をかけることにした。覚悟を決めたはずなのに、職員室の黒電話のダイヤルに指が入らないほど、手が震えた。最後は「一か八か断られても当たり前じゃけ、と思って。やけくそです」と、ひと思いに番号を回した。

当時の東筑を率いていたのは、近鉄、オリックスで監督を務めた仰木彬と高校時代にバッテリーを組んでいた喰田《しょくた》孝一（19年に逝去）だった。喰田は、それまでの監督とは違い、山崎を邪険には扱わなかった。

「喰田先生に、試合をしてくださいと言ったら『土曜日だったらおいで』と。当時は土曜にも授業があったので。昼から1試合だけやらせていただいたんです。当時の中央工業はマイクロバスもなく、電車で行きました。部員が13、14人だったので、私もキャッチャー道具を担いで。手ぶらでは行けないので、自腹で1万円ちょっと出して新しいボールを1箱買いました。『これ、使ってください』と差し出したら、監督室に寄付のボールがずらーっと並んでるんです。それで、喰田先生に『君、それは持って帰りなさい』って言われて。いや、持ってきたんで、と食い下がっても、『うちにはこれだけあるんだから』と言われて。結局持って帰りましたよ。男らしくないでしょ（笑）」

それからも、喰田は山崎からの練習試合の申し出を快く受け入れた。「喰田先生にいろいろな野球を教えてもらったんです。そこから指導者としての私は始まったような気がします」と、しみじみと振り返る。練習試合だけでなく、様々な学校の指導者とも繋いでくれた。紹介してもらった学校に遠征に向かうため、山崎は自費でマイクロバスを購入。自ら運転し、強豪に胸を借りたことで、一歩一歩選手たちも逞《たくま》しくなっていった。

この経験があるからこそ、勝てず、練習試合の相手探しにも苦労する坂原と下関国際の窮状が他人事には思えなかった。山崎率いる南陽工は06年に春夏ともに甲子園出場。「津田恒実（元・広島）を輩出した古豪」のイメージから、再び強豪へと息を吹き返した状況で、下関国際との力量差は明白だったが、かつて自分が年長者たちから受けた恩を返すように、練習試合の申し出を受け入れた。

練習試合当日、南陽工の一塁側ファウルゾーンに位置する監督室で、緊張した面持ちの坂原と対面すると、山崎はひと目で直感した。「チームを強くする、必ず甲子園に行く監督だ」と。同時に駆け出し時代の自らの記憶がフラッシュバックした。

「私の下関中央工での監督3年目の1990年。よく覚えています。夏の大会直前、7月1週目の土曜日でした。下関球場での練習試合で、試合前のノックが終わって、一塁側ベンチに帰ったんですけど、暑くて。ベンチの外に顔を洗いに行きました。顔を洗っていたら、『こんにちは！』と聞こえて」

振り返った先にいたのは、広島商の監督として73年夏の甲子園を制した迫田穆成《さこだよしあき》だった。当時、迫田は宇部市に本社を置く五大化学の社会人野球チーム「五大化学クラブ」の監督を務めていた。93年に、如水館の前身である三原工の監督に就く前のことだった。

迫田は山崎に名刺を差し出し、こう言葉を続けたという。

「さっきのノック見とったんですよ。きみ、絶対甲子園行くから。頑張れよ」

名将の思いもよらない激励に山崎は困惑し、「ありがとうございます。恥ずかしいです」と返すのが、精一杯だった。迫田は、恐縮しきりの山崎を前に、こう締めくくった。

「わしが言うたらほんとになるけんね、じゃあね」

試合前の嵐のようなひと時は、あまりにも現実味がなかった。山崎の就任間もない下関中央工は初戦敗退の常連。結局、この練習試合後の夏の大会も、初戦で市内の進学校にあっさりと退けられた。監督である自分、そしてチームのどこを見て、迫田が甲子園に行けると断言したのか。考えれば考えるほどわからなくなり、「夢、幻を見たんじゃないか」と疑心暗鬼になる。そして、迫田から差し出された「五大化学　迫田穆成」と印刷された名刺を取り出し、「いや、夢じゃないんだよな……」と確認する。こんなことが、何度もあった。

山崎は初戦敗退続きのチームにあっても甲子園をあきらめずにもがいていた。野球に懸け、野球に生きようとしていたからこそ、迫田は「甲子園に行ける」と断言した。

迫田の読み通り、山崎はチームを強くした。下関中央工での甲子園出場は叶わなかったものの、94、98、01年の3度、夏の山口大会決勝まで勝ち進んだ。そして、南陽工の監督となって1年目の06年夏、念願の甲子園出場を果たした。

自身初の甲子園出場を決めて学校に戻ると、報告会などの行事が立て込み、息をつく間もなかったが、喧騒から抜け出し誰もいない会議室で携帯電話を取り出した。優勝後、いの一番に連絡したのが迫田だった。優勝の報告とお礼を伝えると、迫田は「そりゃそうよ。遅いくらいよ」。ことさらに祝うわけでも、労うわけでもなかった。それもそのはず、迫田からすると山崎が甲子園に行くのは、〝当然〟のことなのだから。

あの時の自分に、迫田が何を見出したのか、どこから「甲子園」を予見したのか。経験が浅い時期は皆目わからなかったが、指導者として酸いも甘いも味わい、実際に甲子園に立つと、少しずつ見え方が変わった。そして、手洗い場で迫田の言葉に戸惑うばかりだったあの日の自分と同じく、指導者として何も持たないはずの坂原を見た時、確信に変わった。山崎が振り返る。

「迫田監督の言葉が現実のものとなった後、ずっと、なんでわかるんだろうと思っていました。俺の何を見てそう思ったんだろうとずっと疑問だったんですけど、経験を積んだらわかるようになりますね。勝つのは無理だなという人と、そうでない人が。野球を見なくても、喋《しゃべ》っただけでね。感覚的なものだから説明は難しいんだけど。坂原は会って最初にわかりました。甲子園に行くと」

山崎が続ける。

「我々のような公立高校の教員って、絶対食いっぱぐれることがないんです。その上で野球ができるといったら、やっぱり甘えが出る人は出る。野球に懸けなくても済むわけです。むしろ逆。生活のことだけ考えれば、野球に懸ける必要なんてない。そして本当の意味で懸けていない人はわかりますよね。隙があるから。彼にはそれがなかった」

山崎と坂原は名刺を交換し、監督室でひざを突き合わせた。自己紹介の後、坂原が口を開いた。

「今はまだこんな状況なんですが、甲子園に行きたいと思っています」

坂原は心のどこかで「きっと笑われるだろう」と覚悟していた。下関国際の監督に就任した翌日の職員室で乾いた笑いが起こり、他の山口県内の指導者と話す機会があっても、ことごとく一笑に付されてきたように、「できるはずがない」と笑われるだろうと思っていた。だが、山崎の反応は違った。茶化すこともなく、同情を含んだ励ましでもなく、極めて淡々と事実を告げるような口調で、山崎は言った。

「あなたは絶対チームを強くする。甲子園に行くよ」

まだ練習試合をしていないし、試合前のアップやシートノックを見たわけでもない。一目見ただけで、「あわよくば甲子園に」ではなく、本気で甲子園に行くんだという決意を持っていること、野球に懸けていることが伝わってきた。野球への情熱が、声色、目つき、出で立ちからにじみ出ていた。

山崎の言葉を受けて、坂原は間髪入れずに「いつ甲子園に行けますか」と問うた。山崎が記憶を掘り起こす。

「坂原から聞かれて、チームの状態や学校のことを考えて、5年って答えたかな。こんな言い方したら失礼ですけど、坂原が置かれている立場も理解できましたから。5年という答えも、気を遣って短めに言ったのかもしれません」

これに対して、坂原は「5年……ですか」とポツリと漏らした。この言葉の解釈と記憶は2人の間で少しばかり食い違う。まず山崎の記憶。

「僕の記憶がまちがってなければ、『5年もかかるんですか！』とか『5年も辛抱しなきゃいけないですか』というような意味合いに聞こえました。その時に、こいつ生意気なことを言うなと思った記憶があるので」

それに対して坂原の回想はこうだ。

「僕は5年で行けるの？　という意味合いでお答えしたと思っていました。当時周りから『無理だろう』という反応ばかりをされていたので、そんな風に言っていただけると思っていませんでしたので」

勝負師

両監督の顔合わせが終わると、いよいよ練習試合が始まった。新チームが発足した時点で、下関国際の選手は8人しかおらず、南陽工から1人借りて試合に臨むことになった。9人に満たない下関国際に対して、南陽工はレギュラーメンバーで試合に臨んだ。前年に甲子園を経験した選手も複数いる布陣だ。練習試合を受けてくれただけで驚きと感謝の気持ちを持っていた坂原だが、この山崎の姿勢は格別嬉しいものだった。坂原が言う。

「それまでの練習試合でレギュラーメンバーで戦ってくださるチームはほとんどありませんでした。控えがスタメンに並んで、それでもうちが負けて……というのが続いていたんですけど、山崎監督、そして、この年（07年）の春に練習試合をさせていただいた宮島工の沖元茂雄監督は、レギュラーと試合をさせて下さって。そこにすごくありがたさを感じていました」

第1試合は26対0で南陽工が圧勝した。この練習試合の成立に一役買い、当日も同行していた周南スポーツの高瀬が振り返る。

「国際が木っ端みじんにやられて、坂原さんはめちゃくちゃ悔やしがってね。第1試合と第2試合の間って、普通は両監督で一緒にお昼ご飯食べるじゃない。昼飯も食べないぐらい悔やしがって。後から南陽工の選手に聞いたら、試合前に山崎監督から『1点もやるな』と指示があったみたいで。レギュラーで、しかも一切手を抜かず戦っていた」

小休憩を挟み、第2試合に臨む前に、山崎は坂原に「2試合目はお互いの選手を入れ替えてやるぞ」と提案した。坂原が戸惑いながらも、2試合目は下関国際ベンチに山崎が入り、南陽工ベンチに坂原が立った。結局この試合は6対6の引き分けとなるのだが、試合中の下関国際の選手たちの雰囲気を、坂原も高瀬も克明に覚えている。坂原が言う。

「1試合目に何もできずに大敗したうちの選手たちが、南陽工のバッテリーに対して盗塁を決めたりしているんです。『ええ!? ウソだろ?』と思いながら見ていて。当時は全然マナーもなっていなくて、山崎監督に『ちょっと持っといて』とバットを持たせて、革手(打撃用手袋)をはめる選手もいたりして……。山崎監督に何度も謝って、ベンチに止めにいこうとしたんですが、『いいから、大丈夫だから』と制止されまして、教え子たちのプレーに対する驚きとベンチで失礼を働いていることへの冷や冷やの両方がありました」

続いて高瀬。

「山崎監督は、国際の選手に『とにかく自分たちを信じてやれ、一生懸命やれ。わしに任せておけ』と試合前に声をかけていました。自分のチームを率いているときの山崎監督は、ベンチでどっしり構えてあまり声をあげなかったんだけど、この時は違った。自分もドンドン前に出て、選手を乗せて、乗せて。それに感化されて、国際の選手たちも『いける！いける！』とか、『キャッチャー、パスボールあるよ！』とか、めちゃくちゃ声が出始めて。打ったら監督も含めてハイタッチしたりとか、すごく活気がある雰囲気でしたね」

2試合目が終わり、再び監督室で山崎と坂原が向き合うと、山崎は冷蔵庫から取り出した栄養ドリンクを坂原の前にポンっと置き、「飲め」と声を掛けた後、こう続けた。

「どういうことかわかるか。お前なんだ、監督なんだ。選手は何も悪くはない。監督のお前が選手を疑っている。選手に力がないと、選手のせいにしている。相手が強いとか、戦略がどうとかではなくて、監督が一番勝ちたいと思ってやらなきゃいけん。選手はやっているぞ、ついてきてるぞ。監督が全てなんだ」

坂原は心の奥底を見透かされているような気がした。監督に就任して、「甲子園出場」を目標に猛練習を課すと、学校や選手の保護者から「勝てないのに、こんなにやらせるのはかわいそう」「もっと現実的な目標にしないと、選手が報われないままで不憫《ふびん》だ」という言葉を幾度もかけられた。その度に「自分たち指導者や大人が、『できない。お前はこれくらいだ』と決めつけるのが一番残酷だ」と反発し、それを貫いてきたつもりだった。だが、就任から丸2年が経ち、苦難の日々を過ごす中で、少しずつ「今の選手たちでは無理なんじゃないか、もっと力のある選手がいなければ」と言い訳をする、もう1人の自分が現れていたことに気づかされた。高瀬が回想する。

「坂原さんを見ていて、もう一つ火が付いたのがわかったよね。国際の選手たちの2試合目の様子を見て、原因は他でもない、監督の自分自身なんだって」

すべての試合が終わり、下関国際がグラウンドを引き上げた後、高瀬は山崎の下に駆け寄った。練習試合を承諾してくれた礼を再度伝えると、山崎はこう言ったという。

「あいつ、チームを強くする。絶対強くするな」

第一印象だけでなく、グラウンドを挟んで対し感じた雰囲気、監督室で課題を突き付けた際の表情。坂原はチームを強くする、甲子園に行くと確信するには十分だった。

15年春、下関国際が初めて山口大会を制したとき、周囲は驚きをもって結果を受け止めたが、山崎は違った。勝つべき監督、チームが、ようやく結果を出したのだから、至極冷静に受け止めた。

山口県在住で、高校野球雑誌『ホームラン』などに寄稿するライターの守田直樹は、優勝以前から山崎が語っていた言葉を思い起こす。

「次にどのチームが出てきますか？　と聞くと、いつも『下関国際。あそこの監督は絶対チームを強くする』って言っていたんですよね。全然勝ってなかった頃から」

下関国際が甲子園に行くのも時間の問題だと感じていたが、同年夏の決勝で敗れたときは、どうにも気にかかった。先に触れた通り、山崎自身が甲子園をかけた決勝の壁に3度跳ね返されていたからだ。決勝の翌日、山崎は坂原に電話で、こう伝えている。

「今度決勝に行ったときは、何をしてでも勝て」

山崎が意図を説明する。

「甲子園に行くまでには、通らなきゃ行けない道、避けられない道というのがあるんです。私は06年の準決勝、県内で一番強いと思っていた下関商に5対3で勝って、思い通りのゲームができて、悦に入っていたんです（笑）。ところが、テレビのインタビューが終わって、お立ち台を降りた瞬間に、『待て、明日決勝だ』『（また）負ける、負ける』という気持ちが急に出てきた。決勝は負けるイメージしかなかったから」

過去の悪いイメージが脳内を支配し、最悪の結果しか浮かばなくなる。そんな状況下で臨んだのが多々良学園（現・高川学園）との決勝だった。

「私は決勝で3度負けていましたから、4度目も負けるイメージしかない。今だったら笑い話ですけど、首をくくろうかというぐらいの気持ち。決勝前夜は一睡もできなかった。ところが試合が始まると、3点、4点と入るんですよ。6回終わって11対1。それでも11対12で負けたらどうしようって。当時の多々良学園は1度波に乗ると手がつけられないような打線でしたから」

どれだけ点差を広げても、何一つ安心できない。10点リードの9回に奪った12点目はスクイズによるものだった。

「12点目にスクイズすると、案の定『相手に失礼だ』とか『せこい』とか言われました。だけど、知るかそんなことって。こっちは必死なんですから。15対3で勝ったんです。9回裏に2点を取られてから、アウトを一つ取ったときに初めて勝ったと思った。今は決勝に行っても、そんなこと（12点目にスクイズ）はしないですよ。なんでかというと、甲子園までに通らないといけない道を通ったからです。人の力を借りてね。生意気に聞こえるかもしれないけど、通ったんです。当然、坂原も通らなければならない道が、あの決勝での負けだったんです」

同時にもう一つ確信していることがあった。遠くない内に再び坂原が夏の決勝の舞台に立つことだ。山崎が言う。

「苦しい思いをして前回に匹敵するチームを作ったときに、優勝旗って初めて手に入るんです。それを乗り越えた人間だけにね。1回通ったらなんてことない、笑い話になってしまうんだけど、リアルタイムで通っているときは本当に苦しいのでね」

だからこそ、電話で「次は何としてでも勝て」と坂原に伝えた。

「甲子園に行くのと、すごくお世話になった人を裏切るのと、どっちがいいか。その人を裏切ることに対する良心の呵責に苛まれるのと、子どもたちが甲子園に行くこと。どっちかを取れといったら、当時の坂原は『負けてしまうとしても、この人には恩義があって裏切れない』という男だったと、僕は今でも思っています。つまり、勝利よりも義理を大切にする男だった。でも、それじゃあ勝てないよ、と言いたかった。他人から何を言われても、自分が我慢すれば済むこと。本当に近しい人、信じ合える人にわかってもらえたらい い。『お前は本当に頑張ったな。嬉しいよ』って言ってくださる方が、10人中6人もいたら御の字です。他4人からは『あんなヤツ死んでしまえ』と言われても仕方がない。半分勝って半分負けるのが勝負の世界なんですから。仕方がない」

当時の坂原は、野球への情熱を持ちながらも、そこが欠けているように山崎の目には映った。義理を重んじるあまり、勝負に徹し切れていない印象が拭いきれなかった。

「我々のいる勝負の世界は白か黒しかないですから。坂原はあの時点では曖昧な部分を許容する理性を捨て切れていないと思ったので、あえて『何としてでも勝て』と言ったんです。今は違います、勝負師になっています。だから敵も増えたと思うし、これからも出てくると思います。これは避けられないし、避けようと思ったら坂原は坂原でなくなる。もし避けようと思っているなら、監督をやめろ、選手に失礼だと言います。守らなければならないのは、自分に文句を言う他校ではなく、自分の選手なんだから。選手が生きるためなら、監督は捨て駒でいい。監督が何を言われたって、選手には関係ないですから。今の坂原は覚悟していると思うし、気にも留めていないと思います」

山崎にも近しい経験がある。山崎は東亜大の監督を長く務めた中野泰造に指導者として師事していた。94年の明治神宮大会で初出場、初優勝を成し遂げ、その後も2度、日本一に輝いた名将である。その中野が高校野球の指導者に転じ、県内のライバル校である高川学園を率いた時代のことだ。

「宇部商の玉国（光男）監督が勇退されて、『やっと1人ライバルが減った……』と思っていたら、今度は中野先生が高川の監督になった。こっちとしたら冗談じゃないという話ですよ。また大きな壁が立ちはだかるわけですから。中野先生に大変お世話になった身ですが、山口県内で監督をしているうちは、絶対自分から挨拶をしないと決めて、本当に1回も挨拶をしませんでした。公式戦で球場の待機場所に自分が先に入っていて、自分の後から中野先生が『こんにちは～』と入ってきてもね。このことは後年、中野先生に直接謝罪するまで、ずっと引っかかっていましたけど、後悔はしていません。監督の僕が背負えばいいことなので」

余談だが、山崎が謝罪したのは、中野が鹿児島大で指導にあたっていた時代である。場所は鹿児島の喫茶店。山崎は中野が注文したビールを酌み交わしながら非礼を詫びると、中野は破顔一笑して山崎の謝罪を受け入れた。そして、当時チームにいた若手指導者から「なんであんな無礼なやつと縁を切らないんですか」と言われていたこと。そして、今でもこのエピソードを、若い指導者たちに「お前たちは山崎先生のように覚悟を持って同じことをやり通せるのか」と話していることなどを、山崎に明かしたという。

話を戻そう。同じ山口県内、そんなには広くはない指導者の世界だ。15年夏の山口大会準優勝以降、下関国際に対する県内各校の監督からの色々な声が、山崎の耳にも入るようになってきた。「昔は下関市内の選手が多かったのに、県外から選手を集め出した」という選手構成に対する意見や、「昔はよく練習試合をしたし、飲みにも行ったんだけどね……」と、坂原と疎遠になったことを嘆く声は、私も耳にしたことがある。だが、勝負師としての側面を強めた坂原にとっては、どれも取るに足らないことだった。

山崎の言葉で、甲子園出場への決意をより一層強めた坂原は、決勝の敗戦から前に進み始めた。

第五章

甲子園、初出場

「下関国際の野球」とは

2022年夏の躍進の後、筆者と同業者である野球ライターや高校野球の指導者たちから「下関国際の野球とは何か」と、何度か質問された。その度に、自分の語彙では上手く表現することができず、それらしい回答でお茶を濁していた。そんなモヤモヤを抱えていたとき、下関国際のスタイルを端的に示す言葉に出合った。22年夏の甲子園が終わり、国体に向けて調整していた9月末。学校の近隣に位置する東亜大との練習試合を見学した時だった。

高台になっている東亜大のグラウンド周辺は閑静で、公式戦の球場以上に選手たちの声がよく聞こえる。その中で、頻出する一つの言葉があった。

「可能性を残せ！」

この「可能性」こそが、何よりも雄弁に下関国際の野球を語っているように感じられた。

坂原秀尚は「指導のベースの多くは、社会人野球で学びました」と語る。中学時代までは野手を兼任していたとはいえ、高校、大学では投手一筋。「将来的には指導者になりたい」という夢を抱いていた坂原は、社会人野球・ワイテックに在籍した5年間、投手としてプレーする傍ら、折を見て野手陣に質問をしていた。

中でも熱心に野球のいろはを説いてくれたのが、内野手としてワイテックに在籍し、現在は東京の強豪・関東第一で部長を務める臼井健太郎だった。坂原が回想する。

「当時の自分は投手としての視点しか持っていなかったので、バッターと勝負することで頭がいっぱいでした。なので、ショートの臼井さんに『坂原！　ちゃんと二塁けん制を挟めよ！』と注意されても、最初は『なんで？　早くバッターに投げたいのに』と思っていたんですが（笑）。試合後に臼井さんに質問すると、なんでけん制が必要なのか、野手側はどう考えているのかを詳しく教えてくださる。そうやって投手以外の部分について数多く勉強させていただきました。チーム在籍の中盤以降は、『投手として成長するために』だった考え方が、『指導者としての知識をとにかく身に付けたい』に完全に変わっていました」

社会人野球は、最大の公式戦である都市対抗野球大会を筆頭に、高校野球と同じトーナメント戦で大会が開催される。社会人野球チームの運営母体は営利企業。チームを所有するのは、大会を勝ち上がることで社名を世に轟かせること、野球部員以外の社員の士気向上が目的だ。乱暴な言い方をすれば、勝てなければ自分たちの存在意義を失う。自分の一投一打に、部の命運が託される。そんなヒリつくような「負けたら終わり」の勝負の世界に身を置き、勝つ確率を高めていく戦い方は、高校野球の指導者となった今に生きている。

打撃では、しばしば指導で用いられる「バットを最短距離で出せ」という表現は用いていなかった。ボールに対して最短距離でバットを向かわせようとすると、バットを斜め上から振り下ろす形となる。こうなると、バットとボールが接する箇所は〝点〟にしかならず、タイミングが早くても、遅くても空振りする確率が高くなってしまう。

それを防ぐため、最短距離にこだわらず、ボールの軌道に早い段階でバットを入れるスイングを採用している。こうすることで、例えタイミングがズレたとしても、バットに当たる確率は格段に上昇する。坂原は「空振りしてしまうと、何も起こらない。次のプレーへの可能性を残すためにも、バットに当たる確率の高い打撃をさせたいと考えています」と意図を語る。

東亜大との練習試合で、先に紹介した「可能性を残せよ！」とのフレーズを頻出したのは、攻撃中に打者が２ストライクに追い込まれた場面だった。下関国際では、２ストライクに追い込まれた場合、タイミングを取る際に投手側の足を上げない「ノーステップ打法」に切り替えるのが基本だ。あらかじめ足を着地させておくことで、タイミングを外されるリスクを抑え、とにかくバットに当てていく。アウトになるにしても、ファウルを重ねて相手投手に球数を投げさせたり、少しでも進塁打になるように打っていく。何も起こらない空振り三振を簡単にするのではなく、何かが起きる〝可能性〟を残すための打撃を、チームで徹底している。

守備の約束事

高々と舞い上がった打球を捕球しようとする選手の近くに、他のポジションの選手も連なる。22年夏の甲子園では、テレビ中継のカメラが捕球する選手を追う際に、落球や悪送球に備えてバックアップを怠らない他の選手が頻繁に映り込み、高校野球ファンの間で、「下関国際のカバーリングがすごい」と話題になった。

この徹底したカバーリングは、選手たちの〝意識付け〟から誕生した。

「監督になって間もない頃の外野手たちは、内野手が打球を捕り損ねて、自分の所に飛んでくるとわかってから、ようやく打球を追い始めるレベルでした。その意識を変えたいのと、守っている間の集中力を持続させたくて、『どんな打球に対しても、自分が捕るつもりで追いかけろ』とチームで決めたのが始まりです」

シート打撃では、あえて内野手を守備から外し、外野手3人だけに打球を処理させたこともあった。その積み重ねもあり、二塁手定位置付近のゴロでも、右翼手が捕るつもりで猛然と打球に向かうようになるなど、守備の意識が変化していった。

最初は外野手の意識改革が目的だったが、次第に内野手を含めた全ポジションに、その意識が波及。「近くの選手が捕る〝だろう〟」ではなく、「捕り損ねる〝かもしれない〟」と、ミスの可能性を常に見逃さない意識に、実際に助けられた場面もあった。

「グラブから弾いた打球を拾い直した……というケースはないんですが、徹底しているカバーリング、バックアップに助けられたことが、公式戦でも2度あります。時期を正確に覚えていないんですが、最初は13年頃だったかな。ファーストがファウルフライを捕ろうとした時に、下関球場の強い風で打球が目測よりも大きく逸れたことがありました。この時に、ファーストと一緒に打球を追いかけていたピッチャーが代わりに打球を捕ってアウトにできた。15年のチームでも同じようにファーストが目測を誤ったファウルフライを、バックアップで追いかけていたピッチャーが捕ったことがありました。今の選手たちにも、『1球、1球バックアップを繰り返すことは無駄じゃないんだ』と、この二つのプレーを例に話しています」

22年夏の甲子園では、バックアップする選手が落球に備えて身構えるシーンが目立ったが、「レフトに飛んだ打球をセンターがバックアップする際は、レフト線側で構えたり、捕り損ねた打球が向かう方向を予測して守ることも多い」（坂原）と、近くに〝いるだけ〟にならないように、複数のパターンの動きを使い分けている。

内野手のゴロ捕球にも、一般的な考えと異なる点が存在する。それが、「ゴロに対してグラブを〝引いて〟捕球してもＯＫ」という考え方だ。これも社会人野球時代の気づきがベースになっている。

「私が社会人野球でプレーしていた90年代後半から２０００年代前半の時代でも、既に『前に出ることに固執して、バウンドが合わない時に、グラブを外から掻くように捕球するのは本当に正しいのか？』といった声が、内野手から挙がっていました。『前に出ろ！』はよく使われる言葉ですし、『打球の上がり際、落ち際で捕れ！』というのは理想ではありますす。でも、そこにこだわりすぎて打球を捕れなかったら意味がない。一番優先しないといけないのはアウトにすることなので、うちは『バウンドが合わなければ、引いて捕ってもＯＫ』としています」

坂原が入学してきた内野手たちにたたき込むのが、「右足を決める」と「2メートルの幅の中でバウンドを合わせる」という二つの考え方だ。

まず「右足を決める」は、ゴロを捕球する際に右足を支点にし、捕球のタイミングを探ることを意味している。

続いて2メートルの幅だが、17年秋の中国大会直後に「守備」について坂原に取材した際に、坂原が実例を交えて説明してくれた。

全長2メートルとなるように、前後1本ずつ白線を引く。その中心に身を置き、先程の「右足を決める」に基づいて、右足を支点として前後に左足を踏み込み、打球を捕りにいく。素直なバウンドの場合は、左足を前に踏み出し、オーソドックスな形で打球をさばく。一方、不規則な回転の打球で、前でバウンドに合わせられない場合は、右足支点は崩さず、今度は左足を後ろに引き、後方で捕球する。当然、試合では2メートルの白線は存在しないが、この空間を体に刷り込み、2メートルの幅を使いこなして打球に対応していく。これが上手い内野手の条件の一つである「球際の強さ」の、下関国際としての解釈になる。「イレギュラーしたから仕方ない」ではなく、「イレギュラーするかもしれないから、対応策を身に付けておく」。実戦で起こり得る可能性を考慮して、守りにつくわけだ。

坂原は、ワイテック時代に自動車部品の生産管理を担当していた経験と絡め、自身の野球への考え方を、こう表現する。

「不良品のパーツが出るのを防ぐに越したことはないんですが、人間が作業する以上、完全に防ぐのは難しい。野球も同じで、人間がプレーする以上、必ずミスは出る。不良品は出るものと理解して、どうやって使える状態に持っていくかを考える。野球でもミスをなくすことを目指しながらも、ミスが出た直後にどうやってリカバリーするかを知っておく。一発勝負のトーナメントにおいて、『ミスが出たから勝てませんでした』では済まないので」

攻撃では少しでも可能性を残す方法を模索し、守備ではミスやイレギュラーな事態が発生する可能性を頭に入れておく。下関国際の野球は、「可能性の野球」なのだと、私は思う。

100回大会を目指して

15年夏の山口大会決勝で敗れ、失意の中にあった坂原だが、南陽工監督の山崎康浩からの静かな励ましで再び覚悟を決め、次の戦いに向けて動きだした。

16年春に入学してくる選手たちが、高校3年生になる年、夏の甲子園大会は100回の節目を迎える。あと一歩で逃した甲子園を、なんとしてでも100回大会でつかみ取る——。そんな気概を持って、再始動した。

近年、高校野球における新入生候補となる中学生の勧誘は、非常にスピーディーな動きが求められる。有望な選手を獲ろうと思えば、下級生の段階から所属チームを訪問するなどして、水面下でアピールをしなければ到底間に合わない。中学2年生の秋、冬ごろにある程度の進路の方向性が固まることなどはざらで、中学日本代表などに選ばれるような有望選手なら、2年の夏には、ほぼ進路先が定まる。

だが、この時点で全国大会での実績を持たない下関国際にとって、全国区の強豪校らが熱心に視察する有望選手の獲得に乗り出したとしても、それが成功する可能性は少ない。そういった実績面に加え、選手の視察、勧誘をメインに担当する、「スカウト」にあたる存在を専門で配置せず、基本的に監督である坂原自らが選手勧誘に動いていることからも、早期の中学生勧誘は現実的ではなかった。

この年の中学3年生、高校3年時に100回大会出場を狙う世代の勧誘を本格化させたのも、準優勝に終わった15年夏の山口大会が終了してからだった。動き出しとしては決して早くはないが、坂原の中で勧誘の方針は固まりつつあった。坂原が回想する。

「この夏、あと一歩で甲子園に行けなかったので、その壁を越えたい、下関国際で100回目の甲子園に出場したいという気概を持った選手を、できるだけ多く集めたいなと考えていました。力のある選手が来てくれるに越したことはありませんが、それ以上に志を持った選手に来てほしかった。なので、勧誘の際は『ウチは今年の夏に山口大会の決勝まで勝ち進んだけど、甲子園に行けなかった。君たちが高校3年生になったとき、甲子園は100回大会を迎える。それを一緒に目指さないか』という話をしていました」

とはいえ、前述の通り、この時点で有望な選手の多くは、甲子園常連校など強豪への進学が内定している。そのため、中学では目立たなかったが、素質を秘めている選手を中心に探すしかなかった。主な勧誘エリアは、学校のある山口県内、下関市に隣接する福岡県北九州市周辺、そして坂原の出身地である広島である。

まず、郷里の広島で見つけ出したのが、後に鉄壁の二遊間を形成することとなる濱松晴《そ》天《ら》と甲山達也だった。

三原中央シニアに所属していた濱松は、内野手と投手を兼任していた。坂原は「内野手としてよりも、軟投派のサイドスローのイメージが強い」と思い返す。広島県内の強豪からは声がかかっておらず、進学先を決めかねている状況だった。普段は少し眠たげな目をして、一見おとなしそうな濱松だが、その奥にある負けん気と「監督をやらせたら、相当嫌なタイミングでエンドランのサインをかけてきそうな」勝負への嗅覚が、坂原の胸を打った。後に主将を務め、坂原に「自分の指導歴の中でも、抜群のキャプテンでした。今でも誰をキャプテンにするか考えるとき、濱松が基準になっています」と言わしめる人間性の片りんを見せていたわけだ。

一方、広島西シニアに所属していた甲山は、広島の名門校への進学を希望していた。だが、先方からの回答は「来てもいい」。入学を希望するなら、一般入部の形で受け入れるが、さほど期待はしていない、と言われているのと同義だった。そんな中、岡山の私立校に志望を変えようかと迷っているタイミングで声をかけたのが坂原だった。

甲山は守備のスピード感と、独特なハンドリングの柔らかさがあるため、指導者によっては「守り方が雑」と判断されることも少なくなかった。だが、坂原はそこを改善点と捉えず、ポテンシャルとして評価した。「甲子園に出たことがある学校でレギュラーを目指すのもいいけど、うちで一緒に壁を越えて、歴史を作ってみないか」と声をかけ、入学に至った。

山口県内からは、入学後に主軸打者、投手としても活躍した吉村英也が入部した。県内の強豪である山口東シニアに所属する実力者だったが、学校生活の態度に問題があり、有力校から敬遠されていた。行き先が決まりかね、山口県内の他の私立校を受験する方向で進んでいたところ、噂を聞きつけた坂原が訪れた。タイプ的に、これまでの監督生活で坂原が下関国際で向き合った生徒たちに近いこともあり、声をかけ、迎え入れることとなった。

ちなみに吉村は高校卒業後、下関国際にほど近い東亜大に進学し、1年春のリーグ戦からレギュラーとして出場したが、後に中退した。下関国際在学中も何かと坂原に怒られることが多かったが、現在はネクタイを締めたスーツ姿で、後輩たちの公式戦の応援に参上するナイスガイに成長している。

そして、この代を語る上で欠かせないのが、エースとなる鶴田克樹だ。福岡の北九州市立早鞆中時代は、捕手を務めていたが、無名に近い存在だった。もともと、坂原は鶴田と同じ中学にいた下柳涼という左投手に声をかけようと思っていた。その下柳が中学野球引退後に高校に向けて硬式球に慣れるため、下関市の中学硬式チームである下関ホエールズの練習に参加していると聞いて、8月下旬に視察と挨拶に訪れた。

が、下柳は福岡の折尾愛真への進学がほぼ決まっていた。折尾愛真の監督を務める奥野博之と坂原は、07年から毎年のように練習試合をするなどかねてより交流があり、「横やりを入れるのは忍びない」と感じ、お目当てだった下柳の勧誘はとん挫した。

当てを失った坂原がしばらくグラウンドを見つめていると、「ドスっ、ドスっ！」と効果音が聞こえてきそうな走り方で、捕手の守備位置に駆けてくる選手がいた。それが、下柳とともに練習に参加していた鶴田だった。

中学3年の時点で170センチ後半の身長はあったものの、二塁送球では肘が下がり、サイドスローのような形でスローイングをしていた。股関節も固く、深くしゃがみ込めず、中腰のような姿勢でキャッチャーボックスに鎮座する姿に、坂原は「正直、センスは感じませんでした」。苦笑交じりに最初の印象を振り返る。

その一方で、鶴田の練習に臨む態度、指導者の計らいで会話をさせてもらったときの性格に魅力を感じてもいた。例え選手として戦力にならなくても、何らかの形で必ずチームに好影響をもたらしてくれる。そんな存在に思えてきたのだ。

そして、坂原が「監督の自分から見ても、下関国際の練習は厳しいと思う。そういう環境でやっていけそうか？」と投げかけたとき、真っすぐに目を見て「はい」と返事をした鶴田の姿に、坂原も覚悟が決まった。濱松らと同じく、「下関国際で１００回大会の甲子園を目指そう」と声をかけた。それに対して、鶴田が浮かべた満面の笑みは、今も忘れられないという。

鶴田は北九州市の自宅に帰ると、下関国際から勧誘があったことを、すぐに両親に報告した。坂原が回想する。

「まさか本人も高校に野球で誘われるとは思っていなかったみたいで、すごく嬉しそうにしていました。その日のうちにご両親にも話してくれて、すぐに正式な返事をもらって。鶴田は決まるまでが早かったですね」

エース退部で方針変更

選手勧誘と並行して、センバツ出場を懸けた15年秋の公式戦が始まった。旧チームでリードオフマンを務めていた仁木敦司、入学直後から公式戦経験を積ませた1年生エースの岸田峻輔の投打の中心だけは何とか定めたが、2回戦で下関商に0対3の完封負けを喫した。粘って試合を作った岸田を援護できない試合展開だった。

厳しい冬を越し、春に濱松、鶴田らの総勢20人の1年生を迎え、新たなスタートを切る。その最中に、大きな事件が起こった。エースの岸田が野球部を退部、学校も去ったのだ。坂原が頭を掻く。

「岸田は練習に来なかったり、逃げ出したりはしなかったんですが、毎日学校に行って、きちんと授業を受ける習慣に最後まで馴染めませんでしたね……」

坂原の監督生活の中でもトップクラスの素質を持ち、県内の各校から警戒されていた岸田がいなくなったことで、「来年の国際の甲子園はない」が、他校の定説となっていた。投の柱がいなくなっては脅威にならないと思われていた。

窮地に置かれたことで、坂原は一つの決心をした。

「いつも夏が終わると、あと1年あれば、もっと鍛えられる、力を付けさせることができるのに……と思っていました。1年じゃなくても、もう半年、4カ月だけでもいい。もっと時間が欲しい、時間が足りないと毎年感じていました。１００回大会に向けて、例年以上に動いて、声をかけた1年生たちが春に入ってきて、さらに上級生たちの人数は多くないので、現実問題として1年生が試合に出る必要がある。それなら、今までよりも早く公式戦で経験を積ませて、あらゆることを前倒しで進めていったらどうかと思って」

この時点でも、本章の冒頭で触れた、攻守で「可能性」をキーワードとした下関国際の野球のベースは定まっていたが、公式戦で力を発揮する、坂原の采配に応えられるようになるまでに、身に付けなければいけない項目は多岐にわたる。

坂原は、しばしば選手の成長段階を武道や茶道などで用いられる「守・破・離」になぞらえる。

下関国際における「守」は、攻撃ではボールの軌道に早い段階でバットを入れるスイング軌道、守備では捕球体勢の習得。戦術に直結する内容のため、ここでは割愛するが、点差、ボールカウント、打順に応じて必ず実行しなければならない、また絶対にやってはいけない作戦上の決め事の理解などが該当する。坂原の言葉を借りれば、「2ストライクに追い込まれてからも確実にバントを成功させたり、〝10割できること〟を、とにかく増やしていく段階」。この「守」をクリアすることが、下関国際で公式戦に出場するための第1段階となる。

続いて「破」は、「最低限、1死三塁を作りたい」などの目指す状況や結果が決まっている中で、取り得る戦術から、成功する可能性の高いものを自分で取捨選択できる状態を指す。先の例に沿って、「無死二塁から、最低限1死三塁を作る」を目指す場合、取り得る作戦は犠打、右方向への進塁打などが選択肢となる。相手投手の状態、自分の調子などから、「確実に犠打で送ろう」「投手に対してタイミングがあっているので、無死一・三塁を狙って、逆方向へ低い打球で安打を狙おう」と、自ら判断できるのが「破」の段階だ。

投手の場合は、「このカウント、打者のタイプから、外に投げた方が無難」というセオリーを理解した上で、打者の雰囲気、前の打席までの打球傾向などを踏まえて、〝あえて〟セオリーから外れて、裏をかくのが「破」となる。

最後に「離」は、3年生の夏を終え、次のステージで野球を継続する選手たちが、自分の現状を見極め、3年間で取り組んだ練習メニューの中から、必要な練習を選べる状態を指す。監督の指示なしでも、自分のやりたい練習ではなく、〝やらなければならない〟練習ができる段階となる。

指導経験を積み、15年の山口大会で春優勝、夏準優勝という結果を残したことで、「公式戦で結果を残すには、『守』をクリアするのが大前提。その上で『破』の要素が出てこないと甲子園には出られない」と、坂原は確信していた。

が、「守」を頭と体にたたき込み、さらに「破」の段階に足を踏み入れるには、実戦の中で試行錯誤する経験が不可欠だ。だからこそ、前倒しで選手を鍛える必要があった。

岸田の退部で不在となったエースは、仁木敦司が任された。そして、入学後の最初の公式戦である16年春の山口大会から、濱松、甲山の2人がレギュラーに名を連ねることになった。

豊浦との1回戦では、打っては甲山が三塁打を放ち、投げては仁木が2失点完投して、6対2で勝利した。2回戦で、この春を制する早鞆に3対8で敗れたが、濱松が二塁打を見舞う見せ場も作った。

16年夏の初戦では、秋に敗れている下関商と再び顔を合わせた。ここでも甲山が2長打を放ち、11対4の8回コールド勝ちで、秋の雪辱を果たした。その後も仁木の力投と若い力が噛み合い、2年連続の8強に進出。準々決勝で聖光に延長11回、4対5で惜敗したが、試行錯誤の中で一定の結果を残すことに成功した。

新チームの主将は、植野翔仁《しょうと》が任命された。下級生時代は同学年で同じ投手の岸田の影に隠れがちだったが、練習熱心さと責任感を買われて指名された。

代が替わり、坂原の新しい育成プランはさらに加速していく。16年秋の山口大会では、内野全員を含め、一桁背番号の実に7人が1年生。背番号1は、「この時点では、甲子園に行くなら吉村だと思っていた」と坂原が期待を寄せていた、大型左腕の吉村が手にした。右のエース格である植野は10、鶴田は18を背負った。鶴田は、かつての小山司同様、「キャッチボールでも変な方向に投げないし、マウンドに立たせてみてもストライクを取るには困らないタイプ」（坂原）。同学年の品川優人が捕手の定位置に収まりそうなこと、秋の山口大会後に開催される1年生大会に向け、吉村以外の投手が不足していたことから、投手にコンバートされていた。

16年秋の初戦では、植野が下関商打線をシャットアウト。山口県鴻城との2回戦は、一塁手の川上顕寛、吉村の1年生2人に、先発の植野も長打を放つなど、12得点を挙げた。守りでは植野、吉村のリレーで2試合連続の無失点を記録し、7回コールドで快勝した。

3回戦は、市内のライバルである早鞆との対戦だった。当時の早鞆は、下級生時代から県内屈指の本格派として注目される畑村政輝という1年生右腕が投手陣の中心だった。畑村を筆頭とする早鞆投手陣に対しても、川上、甲山、吉村が長打を見舞うなど、7回で9得点。2回戦同様、植野、吉村のリレーで早鞆のスコアボードに0を並べ、2試合連続の7回コールド勝ちを収め、8強に進出した。

徳山商工との準々決勝は、県下指折りの好投手と目されていた吉村幸樹と、植野の投げ合いになった。終盤までロースコアが続いたが、植野が吉村に一発を浴びるなど、1対2とあと一歩及ばず。この年、翌春のセンバツにつながる秋の中国大会は、地元・山口での開催だった。通常、上位3校が出場できる大会だが、開催県は1校増の4校が出場できる。準々決勝を勝ち抜けば、秋は初めての中国大会出場となるはずだったが、惜しくも届かなかった。下関国際の改革の秋は8強で幕を閉じた。

10月から11月にかけて開催される1年生大会は、県内にこの世代の下関国際の存在を知らしめる大会となった。

山口では、春夏秋の公式戦同様、1年生大会も山口、宇部、萩の3市のチームを中心とした「山宇萩」、防府、周南の2市の「防徳」、岩国と柳井の2市の「岩柳」、そして「下関」の4地区に分けて予選を進め、勝ち上がった4地区の代表校で準決勝、決勝を行う。前述した通り、夏以外は西京スタジアムで公式戦が開催されることはないが、1年生大会の準決勝、決勝に限っては、西京スタジアムが舞台となる。

下関地区を制した下関国際は、準決勝で山宇萩地区予選を勝ち抜いた山口と対戦し、吉村の1失点完投の好投もあって5対1で勝利した。1年生大会の準決勝、決勝は同日で行われるため、優勝するには連戦で連勝する必要がある。下関国際が戦った準決勝の第2試合から、わずか1時間弱のインターバルを経て決勝が始まるので、準決勝で完投している吉村の連投は非現実的だ。防府商工との決勝の先発マウンドに立ったのは、鶴田だった。当時の鶴田を、坂原が振り返る。

「この時は、中学時代の名残でサイドスロー気味のフォーム。しかも、フォームが固まっていないこともあって、投げる度に微妙に投げ方が変わる状態でした。それでもなんだかんだ四球は出さない。投手としても動き自体は決して器用とは言えませんでしたが、指先の繊細さ、器用さがあるのが印象的でした」

まだ高校野球の冬を1度も経験しておらず、下半身は弱く、柔軟性も心もとない、フォームは安定しない。だが、大柄な体格に似合わぬ指先の感覚の良さがあり、体重移動の流れが崩れても最後のリリースで微調整し、ボールをストライクゾーンにまとめる。そんな投球でのらりくらりとアウトを積み重ね、6回を無失点。7回に先制を許したが、後攻だった下関国際は、9回に2点を挙げ、サヨナラ勝ちで山口県の頂点に立った。この試合、打で目立ったのは1年生大会の主将を任され、長打を放った濱松だった。優勝投手となった鶴田と主将候補の濱松。今思うと、後にチームの根幹を担う2人にとって大きな布石となる大会だった。

16年に達成した1年生大会優勝は、下関国際にとって初めてのことだった。タイトル奪取に「この代の下関国際は侮れない」という空気が、山口県内に立ち始めた。当時、高川学園の部長だった安藤拓は、以前このように評していた。

「山口県では、6月に私立校だけで戦う『私学大会』という準公式戦があって、高川学園のグラウンドも会場になります。なので、私学大会でも下関国際の試合を度々見ていたんですが、それまでは、バントの構えで揺さぶったり、小柄な選手が打席でかがんで投手に投げにくくさせたり、トリッキーな野球をやる印象が強くありました。でも、この代くらいから、小技は徹底させるんですけど、野球が王道に近くなっていった。結果もそうですが、それを見ていよいよ戦力がそろってきたんだなと思ったことを覚えています」

1年生大会をもって年内の公式戦が終了し、いよいよ冬の鍛錬へと移行する。歴代の選手たちが歯を食いしばって取り組んだ、走り込みメニューの「800メートル走」を、選手全員が決められたタイムをクリアしないと終わらない方式で行うなど、寒空の中、とことん選手を鍛えた。坂原が意図を説明する。

「誰か1人でもタイムをクリアできなかったら終わらない。自分も苦しいけれども、それ以上にキツそうにしている仲間を後ろから押してやって助ける。そうやって周りを見て、助け合うことで連帯感を持ってほしいと思ってやっているメニューです」

練習の最後に、800メートル走10本を課した。距離にして8キロになるが、それは全員が一発でタイムをクリアできたらの話。当然1回で終わるはずがなく、多い日は40本近く走る日もあった。

本来チームを鼓舞し、盛り立てなければならないのは主将である植野だ。だが、800メートル走で先頭に立つことは稀《まれ》で、下級生たちに後れをとることもあった。連日の練習で体が限界を迎え、「キツいし、何でやらないといけないんだろう？」という怒りにも似た感情が芽生える。主力を担い、練習でも存在感を出す1年生たちを見て、焦燥感を抱きもした。

そして、年が明けた17年2月のある日、植野は初めて練習から逃げ出した。

坂原は、市内を捜索したが、失踪した植野を見つけることはできなかった。日が暮れてきた頃、植野の母から「今、自宅に戻ってきました」と連絡があり、ひとまず学校に呼び寄せた。

夜が更け、誰もいない学校の空き教室で、植野と向き合った。坂原は、植野を責めることも、逃げ出した理由を問い詰めることもしなかった。互いの沈黙が続き、時計の針が深夜2時を指そうかというタイミングで、坂原が口を開いた。

「今は耐えろ。いつか報われるから」

翌日、植野は練習に復帰し、以前よりも練習で前に出ようと努めた。入学以来、日陰にいた男が、殻を破ろうと必死にもがき続けた。

チーム、主将の植野の双方にとって雌伏の冬が終わり、いよいよ球春を迎えた。17年春の1回戦は、10対2の7回コールドで豊北に快勝。学校の統合が決定し、連合チームとして出場していた下関工と新設の下関工科の連合チームとの2回戦は、吉村が4失点を喫しながらもマウンドを守り抜き、9対4で勝ち上がった。初回、先制した直後に逆転される展開も、しぶとく追い付き、終盤の8、9回に計5点を奪ってねじ伏せた。

長門との3回戦は、初戦で7イニングを投げた植野が先発を任された。序盤に3点を先行され、下関国際は4、7回に1点ずつ返すも、2対3で逃げ切られた。春は16強にとどまった。

その当時、夏の山口大会のシード校決定に際しては、秋、春の公式戦成績を総合して決定する「ポイント制」を採用していた（22年より、県内4地区の春の上位校をシード校とする方式に変更されている）。

秋の8強で稼いだシードポイントを、地区内で上回る学校が現れず、下関国際は2年ぶりにシード権を獲得して夏に挑めることとなった。

甲子園、初出場

戦前、17年夏の山口大会は、宇部鴻城が圧倒的な優勝候補として君臨していた。前年秋は山口大会、地元の宇部市をメイン会場に開催された中国大会の双方で優勝。センバツ帰りの春の山口大会でも、僅差の試合がありながらも、最終的には勝ち切り優勝。強さを見せつけていた。

夏の開幕前に、各社から「夏の高校野球展望号」という形で、49地区の予想号が発売される。この夏の山口大会は全誌とも優勝候補本命は「宇部鴻城」。エースの早稲田玲生ら左投手3枚を揃える投手陣、ドラフト候補に挙げられていた俊足巧打の遊撃手・嶋谷将平が中心の野手陣のどれを見ても死角はないように思えた。

一方、下関国際はシード校とはいえ、春は16強止まりで、春を制した15年の時ほど下馬評も高くなかった。その上、この代の投打の中心になるはずだった岸田峻輔が去ったことで、大方の見立ては「今年の国際はない。あるとしても来年」。ノーマークに近い存在と言っても過言ではなかった。

注目度、警戒度ともに上がらない下関国際にあって、水面下で新戦力が台頭していた。

それが、鶴田克樹だった。

7月第1週の練習試合で、和歌山県内で智弁和歌山と2強状態を築く市和歌山を相手に6回1失点という好投を見せた。坂原の中で、「投手・鶴田」のメドが立ち、あまり目立たせない状態で、どこかで強豪にぶつけようと、夏の算段を立てた。

冬場のトレーニングで体が絞れ、下半身が強くなったことで、投手だけでなく、右の長距離砲としても力を付けていた。そこで、これまで一塁を守っていた川上顕寛を、適役が見つからなかった三塁にコンバートし、鶴田を一塁で起用することにした。

下関国際は、外野からの中継プレーの際に、ボールをつなぐ役目を担う「リレーマン」と、中継への送球の乱れに備える「カバーマン」の2人を立てて、カットプレーを行う。

左中間を破る二塁打を打たれた場面を一例に挙げよう。カットマン1人でつなぐチームは、遊撃手が中継し、二塁ベースに入った二塁手に送球する。下関国際の場合、遊撃手が送球をつなぐのは同様だが、二塁手も遊撃手に合わせて動き、カバーマンの役目を果たす。そうすると、二塁ベースが空いてしまうので、二塁手の代わりに一塁手が入る必要が出てくる。

そのため、坂原は「うちの場合は、一塁手が中継プレーで動くパターンが多いので、『打てるけど、動けません』といったタイプの選手を起用することはありませんでした」と語る。だが、15年夏の決勝で敗れた際、劣勢を打開する、流れを変える長打を見込める選手を打線に置かなければ、甲子園に行けないとも痛感していた。そこで、打力向上の兆しを見せていた鶴田を一塁に置いたのだ。

坂原曰く「ひいひい言いながらも、何とかカバーリングをこなしていた」という鶴田は、17年夏の初戦となった2回戦の宇部戦で2本の三塁打を放ち、早速坂原の期待に応えた。

3回戦は、植野、吉村のリレーで下関西を8対3で退け、舞台が西京スタジアムに替わる準々決勝では、前年夏の優勝校である高川学園と激突。坂原は、この大一番の先発マウンドに鶴田を送り出した。坂原が回想する。

「初戦の2番手で夏のマウンドを経験させて、そこからは投げさせず、県内であまりデータがない状態で、鶴田を強豪にぶつけてみようと思っていました。抽選で準々決勝がおそらく高川学園になりそうな組み合わせに決まって、賭けにはなりますが、植野に準決勝、決勝を投げる余力を残すためにも、ここしかないと思いました」

結論から言うと、坂原の賭けは成功した。夏初先発の鶴田は、高川学園打線を4安打に封じ込め、公式戦初完封を達成した。打線は、後のドラフト1位投手である、高川学園のエース・椋木蓮（現・オリックス）に12安打を浴びせ、4点を奪った。

宇部商との準決勝の8回に5対6の1点差に迫る本塁打を放ったのも鶴田だった。この

1打で息を吹き返した下関国際は、延長11回に2点を奪い、その裏に1点を返されながらも、8対7で辛勝。前の試合でのよもやの快投に続き、今度は打撃で坂原の起用に応えた。

2年ぶりにたどり着いた決勝の相手は、前評判に違《たが》わぬ強さで勝ち上がってきた宇部鴻城だった。

この夏、宇部鴻城の背番号1を着けた早稲田玲生の調子が上向かず、外野手と投手を兼任していた百留佑亮《ひゃくとめゆうすけ》が事実上の主戦として登板していた。百留と植野は、小学生時代に所属していた下関市の「生野ソフトボールスポーツ少年団」で、ともにプレーをした間柄だった。かつてチームメイトだった2人による投げ合いで、下関国際にとって2度目の夏の決勝が始まった。

先攻の下関国際は、初回にいきなり1死一、三塁のチャンスを作るが、川上の捉えたかに思えた逆方向へのライナーが二塁手の正面を突き、併殺で先制機を逃した。一方、宇部鴻城も1回裏に同じく1死一、三塁のチャンスを作り、4番の嶋谷将平を打席に送るも、植野が変化球で二塁ゴロに打ち取り、濱松から甲山へと渡る4-6-3の併殺でピンチを脱した。合わせ鏡のような展開で、シーソーゲームが続いていった。

1対1の同点で迎えた6回表、吉村が叩きつけて三遊間を破り、続く鶴田が右翼線にしぶとく落とす連続適時打で、下関国際が2点を勝ち越した。さらに8回表にも、再び吉村の三遊間を破る適時打で1点を追加し、4対1。いよいよ初の甲子園が現実味を帯びてきたが、投手の植野にも疲労の色が見え始める。

8回裏に、ここまで徹底したマークで無安打に封じてきた嶋谷に、右中間に落ちる二塁打を浴びるなど、得点圏に走者を2人置いた状態で、下位打線に浮いたスライダーを叩かれた。1点差に詰め寄られ、ついに最終回を迎えた。

9回表、下関国際は無得点。4対3のまま、9回裏の宇部鴻城の攻撃に入る。あっさり2死を献上し、追い込まれた宇部鴻城だが、ここから安打と四球で、同点、逆転の走者までも出した。同点のチャンスで打席に入ったのは、3番の百留だった。

カウント3-1から、百留が右翼ポール際に大ファウルを放つと、場内は騒然。歓声と悲鳴が入り混じり、グラウンドに立つ者が我を忘れてもおかしくない状況の中、植野の思考は驚くほどクリアだった。植野が言う。

「小学生時代から、百留は勝負の場面で熱くなるタイプ。抑えたら甲子園、打たれたら追い付かれる勝負の分かれ目だったんですけど、自分でもびっくりするくらい冷静で、マウンドから百留の表情がよく見えた。めちゃくちゃ強張《こわば》っていて、『大丈夫、勝てる、抑えられる』と思いました」

捕手の品川が要求したのは、外角の直球。植野はサインに首を振り、ラストボールに選んだのは、外角のスライダーだった。やや浮いたように見えたが、縦に沈むスライダーに対し、百留は変化球を予想していなかったような、少したためらったスイングで空売り三振に倒れた。打者を観察し、心情を読み切った上で配球を変える、「破」の投球だった。

植野が咆哮し、右こぶしを突き上げる。グラウンド、ベンチから、ナインが背番号10を取り囲むように集まる。坂原の12年分の思いが結実した瞬間だった。

一塁側の応援スタンドへの挨拶を終え、閉会式の準備へと向かう途中で、坂原は植野に歩み寄り、耳打ちした。

「甲子園では背番号1だから。頼むぞ」

耐えて、1度は逃げて、また耐えた背番号10の主将・植野の思いも報われた。

場内で行われる優勝インタビューで、アナウンサーから「今のお気持ちは？」と聞かれた坂原の第一声は、校内一番の理解者への感謝だった。

「（下関国際の学校法人である）下関学園、武田先生に拾っていただいて、色々ありましたが、やってきてよかったです。ありがとうございました」

高校野球の指導者として何も持たない若輩者だった自分に監督を任せてくれた学校、そして副校長、校長の立場で「坂原は野球を頑張れよ！」と激励し、公式戦初勝利を一緒に涙して喜んでくれた武田種雄。両者への感謝の気持ちがあふれ出した。

武田は15年度を最後に校長を退任し、理事長に就いていていた。坂原の「武田先生が校長の間に甲子園に連れて行く」という目標には及ばなかったが、恩人に2年遅れの甲子園初出場で報いた。

閉会式を終え、球場を出ると、応援に駆け付けた周南スポーツの高瀬英明が待っていた。坂原を見つけるやいなや駆け寄り、「おめでとうございます」と労い、祝福する高瀬にこう返した。

「高瀬、行くぞ。甲子園、行くぞ」

奇しくも、15年前に雑草だらけのグラウンドで立ち尽くし、最初の教え子たちを前に発したフレーズと同じだった。

西京スタジアムから学校へバスが出発する直前、人混みの中に見覚えのある顔があった。決勝を観に来ていた岸田俊輔だった。この代の中心になるはずだった男は、遠巻きに坂原にペコっと頭を下げて、甲子園初出場を祝った。

甲子園出場後、学校内に建てられた記念碑。

第六章

「全国」を知る

敗れて甲子園の戦い方を知る

夏の甲子園は、都道府県大会が終わってから、半月も経たぬうちに本戦が始まる。都道府県の首長ら、関係各所への出場決定報告など、大会に臨む準備の他にも行事が入ってくる。下関国際も初めての甲子園出場が決まると、そこから瞬く間に時間が過ぎた。関西入りし、勝手がわからないながらも割り当ての甲子園練習をこなし、気がつけば開幕は目の前。当初は2017年8月7日に開幕が予定されていたが、台風5号が接近する可能性があったため、1日順延となった8日、下関国際にとって初めての甲子園の幕が開けた。

開会式が始まり、演奏に合わせ、出場校が次々と球場を行進する。そして、下関国際の選手たちが、大会の開催回数を表す「99」のゲートをくぐって、甲子園に姿を現したとき、バックネット裏からその光景を見ていた坂原秀尚は涙をこらえきれなかった。坂原が回想する。

「『99』のゲートからグラウンドに入ってくる選手たちの姿が見えたとき、就任から今までのことが思い出されました。これまでのOBたちが味わってきた悔しさが頭をよぎって、涙が止まらなくて……」

坂原が初めて訪れた自身高校3年の夏から23年。そして、かつての自分を苦しめ、就任から12年間、周囲から笑われようとも目指し続けた甲子園。夢だった舞台に指導者としてたどり着いた実感に、様々な感情があふれ出した。

この初出場時の感動もあり、坂原は「甲子園で、開会式が一番好きなんです」と語る。ちなみに下関国際は、22年までに春2回、夏3回の甲子園出場があるが、坂原はすべての大会で開幕前日のリハーサルから、選手たちの行進を見届けている。2度目のセンバツ出場だった21年春は、新型コロナウイルス感染拡大防止のため、開幕日の3試合を戦う6校のみが球場で行進し、残る26校は事前に収録した行進の映像をバックスクリーンに表示する形式で行われた。その大会でも、下関国際は大会初日の第3試合を引き当てたため、現地での入場行進に参加できた。さらに、6校の監督はグラウンド内で行進、開会式を見学できるという、例年にない措置が取られたため、間近で選手たちの雄姿を目に焼き付けた。坂原は「巡り合わせだと思うんですが、いい経験をさせていただきました」と感謝する。

話を戻そう。17年8月4日の組み合わせ抽選会で、下関国際の初戦は2回戦スタートとなる大会6日目、13日の第2試合に決定していた。対戦相手は香川代表の三本松。当日の10時過ぎに第1試合が終わり、室内練習場からグラウンドへと移動し、いよいよ初陣の時を迎えた。

奈良代表の天理が岐阜代表の大垣日大を6対0で下したことを示すバックスクリーンの試合経過が消されると、第2試合を戦う両校の校名が表示された。後攻のチーム欄に「下関国際」と校名が入った瞬間、開会式同様、坂原の目頭が熱くなった。

「初めての夏の決勝で負けた後に言った『甲子園のスコアボードに下関国際の名前が入るまで、絶対に諦めない』が現実になって、また涙が出てきて。でも、試合が始まるまでに監督が2回も泣いているようじゃ、ダメですよね」

10時29分にプレーボールがかかり、エースナンバーを背に甲子園のマウンドに立った植野翔仁が投じた直球を三本松の1番打者が強振すると、打球は右翼手の吉村英也へ。この打球が手前でイレギュラーし、広い甲子園の外野のフェンスに到達すると、打者は三塁に到達していた。2番が放った遊ゴロの間に三塁走者が生還し、あっさりと先制点を奪われた。

2回表には6番打者に本塁打を浴び、4回表には長打と四球で許した走者を返されるなど、完投した植野は、長打4本を含む被安打12、9失点の投球内容だった。

攻撃では、8回裏に吉村が逆方向に大会27号のソロ本塁打を放つなど、5回から8回まで1点ずつを返した。守りでも7回表に2死二塁から左翼手の1年生・木村大輝から甲山達也への流れるような中継プレーで、本塁封殺。練習を重ねてきた連携を披露し、見せ場は作った。試合後、甲山は「（中継プレーは）練習で何度も何度もやってきた。レフト前ヒットになった瞬間、絶対ホームで刺してやると思った」（『報知高校野球2017年9月号』報知新聞社）と、日頃の練習の成果だったことを強調している。

しかし、反撃も及ばず、結局4対9で初戦敗退を喫した。試合時間は17年夏の甲子園の全48試合で最短の1時間39分。文字通り、瞬く間に終わりを告げられた格好だった。坂原が初の甲子園で痛感させられたのが、「時間」と「球場」対策の必要性だった。

「とにかく甲子園は時間の流れが早かった。自分は結構試合中もトイレに行く方なんです。5回のグラウンド整備中は必ず。1試合で2、3回は行く方なんですが、この試合は時間の早さに戸惑って、1度も行けませんでした。山口県の公式戦で使用される球場のほとんどが両翼100メートルと広いんですけど、甲子園は右中間などの膨らみ、浜風などの特性も考慮して守らないといけない。地方大会を勝ち抜く野球だけでなく、〝甲子園で勝つ野球〟も準備しないと、勝てない場所だと痛感しました」

坂原が、山口県内の球場と甲子園とで、最も大きな違いを感じたのが、外野手の守備位置だった。

「山口大会と甲子園の大きな違いが、外野スタンドのお客さんの有無。お客さんが入っている状態の甲子園だと、ベンチから見た時に、スタンドがすごく〝遠く〟見えるんです。

外野手の守備位置を前に出したいのに、実際よりも広く見えているから、思ったよりも前に出せていない。ポジショニングで防げた進塁を許すケースがありました」

甲子園練習で距離感を確認したつもりだったが、外野スタンドが無人の練習と、観客が詰めかけた試合とでは見え方が別物だった。18年春からは、自分たちの試合日より前に甲子園の外野スタンドを訪れ、距離感をチェックするようにしているという。

初めての背番号1

17年夏までのレギュラー9人の内、3年生は主将の植野を含めて3人だった。満場一致で新主将に就任した濱松晴天を筆頭に、多くの甲子園経験者を抱える形で、8月中旬から新チームが発足した。

甲子園から戻って1週間足らずで開幕した、秋の大会のシード権に関係する「地区新人大会」では、準決勝で豊浦に5対6の9回サヨナラ負けと不覚を取ったが、1カ月の準備期間を置いて迎えた秋の山口大会では、他チームを圧倒する経験値と地力を見せつけ優勝した。

新チームで主戦となったのは、春から投手として成長著しい鶴田克樹だった。もともと濱松らの世代が入学した時点での坂原の構想は「エース・吉村英也」だった。ここから、どう変遷していったのか。

「もともと自分は『吉村をエースに育てて、甲子園に行こう』と思っていました。吉村を外野で起用したときに、他校が『1番を着けている選手が、まだ投げていない』と、少しでも警戒してくれたらという戦略的な部分もありましたけど、夏の山口大会で背番号1を渡していたのも期待があったから。ですが、春から鶴田が投手としてグッと伸びてきて、夏の準々決勝の高川学園戦でも自分の期待を上回る投球を見せた。コントロールがあって計算が立ちますし、守りを重視するチームカラーを考えても鶴田かなと」

新人戦の準決勝は吉村が完投して敗れていた。この結果も、坂原の決断を後押しした。入学以来、さらに言えば野球人生で初めてエースナンバーを背負った鶴田は、早鞆との秋の準決勝で1失点完投、中1日で迎えた高川学園との決勝でも6失点しながら完投し、最終回の逆転を呼び込んだ。

15年春、17年夏に続き、秋は初めてとなる優勝を手にした下関国際。山口1位校として、翌春のセンバツ出場に向けた重要な大会となる、秋の中国大会に初出場することとなった。

中国大会の開催地は、坂原の出身地である広島。さらに、恩師の長延公平率いる母校の広島国際学院も広島大会で準優勝し、中国大会出場を決めていた。坂原は「皆さんから『絶対当たるぞ』と言われました」と苦笑するが、下関国際と広島国際学院は逆のブロックに入る組み合わせとなった。

いろいろな巡り合わせを感じる中、2季連続の甲子園出場を懸けた戦いが始まったが、優勝候補の本命と謳《うた》われていた下関国際の戦いぶりは、盤石だった。

初戦の益田東戦は、相手内野陣の好守に阻まれながらも4得点し、守っては鶴田が被安打5、1失点で完投。島根1位校だった開星との準々決勝は、鶴田が相手左腕のカーブを捉え先制2ラン本塁打を見舞うなど、10対0の6回コールドで完勝した。尾道との準決勝も7対0の8回コールドで完勝して迎えた決勝は、岡山3位出場ながら強打で勝ち進んできた、おかやま山陽との対戦だった。下関国際と同じく、この年の夏に甲子園初出場し、2季連続出場をほぼ確実にしている状況だった。

下関国際は、大会初先発の相手の2年生投手を捉え、初回に打者一巡の5得点。中盤に2点を返されるも、7回にこの試合2度目の打者一巡の攻撃で6点を追加し、11対2とリードを広げた。その裏のおかやま山陽の得点は、1点。準決勝までなら、7回7点差以上でコールドが成立するスコアだが、決勝はコールド不採用。どこまで点差が開いても9回まで試合が続く状況下で、とんでもないことが起こる。

2試合コールド勝ちがあったとはいえ、大会全試合で完投している鶴田の疲労は色濃く、終盤はボールが浮いてきた。おかやま山陽の強力打線は、それを逃さず、8回に3点、9回に5点を奪って試合を振り出しに戻した。最後は9回途中から救援していた吉村が、守備から途中出場していた相手選手にサヨナラ打を浴び、11対12で敗戦。衝撃の逆転劇を演じられ、中国大会優勝を逃した。

試合後、「まさか」「奇跡の」といった論調で書かれた記事が多かったが、坂原の心中は少々異なっていた。

「投球に合わせて、打球方向を予測してポジショニングを取るのがうちの守りです。ですがこの試合は点差が縮まるにつれて、守備陣が消極的になっていました。大胆なポジショニングを張って、逆をつかれるのが怖いから定位置を守り出す。そういった精神的な弱さがはっきりと出た。監督の自分が守備陣形の指示を出せば違ったと思うんですが、甲子園で勝とうと思ったとき、このチームに必要なのは〝自立〟だと思っていたので、それを春までに促すには、例え負けたとしても、この試合でやるしかない。言いたくなるのをこらえて、静観していました」

投手起用にも坂原の確固たる意志が表れていた。最終的には9回に追いつかれた時点で、大会初登板の吉村を投入するのだが、それまではいくら打たれても、鶴田にマウンドを託した。公式戦の苦しい状況で、「自分が投げるしかない」と踏みとどまる経験をさせたかったからだ。坂原の中でやるべきことが一貫していたからこその負けでもあった。

エースとなった鶴田の環境にも、中国大会終了後に変化があった。20年にグラウンド隣接の野球部専用寮が完成して以降の入学生には全寮制を敷いているが、それ以前は下関市内や、下関市に近い北九州市近郊の選手の多くは自宅から通っていた。北九州市出身の鶴田も通いだったが、坂原は「より成長するためにも、(寮として利用している)アパートに入った方がいい」と常々提案していた。秋が終わるまでは、入寮に後ろ向きだった鶴田だが、中国大会決勝で打ち込まれ、いよいよ高校野球最後の夏を残すのみとなったところで、覚悟が決まった。オフシーズンに突入すると、濱松らの住むアパートに入居した。

中国王者こそ逃したが、冬のトレーニングに励んでいる最中の18年1月26日、センバツの選考委員会が開催され、中国地区の2校目として、夏春連続、春は初めての甲子園出場が決定した。

夏の甲子園の経験から、両翼100メートルで、甲子園球場よりもサイズが広い下関球場を使って、さらなる正確性を求めたカットプレーの練習に多くの時間を割いた。甲子園特有の時間の早さに戸惑わないよう、3月からの練習試合では、坂原がストップウオッチで攻守交代の時間を計測し、スピード感を意識させるなど、〝甲子園基準〟の対応をして日々を過ごした。

18年春のセンバツ初戦は、北海道から九州までの各地区大会の優勝校が集う、前年の明治神宮大会を制している長崎の創成館が相手だった。春は90回、夏は100回という大きな節目の年となるこの年において、全国で最も注目を集めていたのが、藤原恭大（現・ロッテ）、根尾昂（現・中日）らを擁し、「史上最強」と言われていた大阪桐蔭。このチームを神宮の準決勝で下したのが創成館だった。

先発の鶴田は、「春先からの球の走りと、右投手の高めで数字が出やすい甲子園なら出てもおかしくない」と坂原が期待していた自己最速の145キロを、甲子園のスピードガンで記録し、スライダーを中心とした変化球でカウントを取るなど、初戦にコンディションを合わせてきた。が、高めに浮いたボールを狙われ、初回に1、2番に連続で長打を浴びるなど、9回を完投して3失点を許した。攻撃では2回1死一、三塁から品川のセーフティースクイズで1点を返すも、9回に作った1死満塁のチャンスで1本が出ず、1対3で敗れた。

7回2死二塁からは、甲山達也の安打で走者の濱松が本塁を狙うも、間一髪でタッチアウト。同点機を逃し、その裏に決定的な1点を追加され、試合後、濱松は責任感から号泣した。坂原も慰めることはせず、「同じ1番打者の主将の差がスコアに出たな」と、創成館の主将でリードオフマン、この試合長打2本を含む3安打の峯圭汰の成績を出し、濱松に発破をかけた。

100回目の夏へ

センバツが終わり、坂原が「勝負」と位置付けていた夏への準備が本格的にスタートした。

18年春の山口大会では、初戦の下関工科戦を除いて、鶴田を一塁手に専念させ、夏に向けた投手層の底上げに力を注いだ。2年生の木村大輝が左投手として台頭し、「夏の2番手は木村」と坂原の信頼を得るなど、大会は準優勝だったが、シード権の確保、狙いだった投手陣の整備を進め、夏への最終調整に入った。

絶対的なエースとなった鶴田も、より一層練習に打ち込んだ。坂原と話し合い、「大会直前にピークを迎えるのではなく、山口大会の終盤、もっと言えば甲子園の決勝で最高のコンディションになるような調整をしよう」と方針を定め、春の山口大会が終わった4月下旬からは、早朝4時30分に寮を出発し、故障の影響で冬場に走り込めなかった濱松とともに、チーム全体での朝練の前に走り込むのが日課となった。

坂原も「選手が頑張っている最中に、自分が寝ているわけにはいかない」と、鶴田と濱松の自転車のブレーキ音を合図に寝床を飛び出し、時には眠い目をこすりながら、グラウンドで2人を見守った。6月の第2週まで続いた夏前の追い込みは過酷そのもので、当時の鶴田は「走り終えたときに、自然と涙が出たこともある」と明かしていたが、強く芽生えたエースの自覚が妥協を許さなかった。

下関国際の投手が、伝統的に操る球種の一つにツーシームがある。ストレートの軌道からバッターの手元で小さく曲がったり、沈むことで打者の打ち損じを誘う変化球だ。握りとリリースの感覚などは門外不出としている代物だが、「投手の仕事は速い球を投げることでも、三振を取ることでもなく、アウトを取ること」と考える坂原にとって、少ない球数で打者を仕留められる絶好の球種だった。特に日程が過密になる夏には、より重要になってくる。この新球習得に関しても、「鶴田が元来持つ性格が生きた」と坂原は語る。

「例年、投手陣にツーシームを教えていますが、派手な変化をしない分、『本当に有効なのかな』と懐疑的な投手も少なくありません。もともと鶴田には『とりあえず取り組んでから考えてみよう』といった素直さ、柔軟性がありました。ツーシームを覚えるのも、その重要性に気づくのも早かった。また、球速が上がるにつれて、打者よりも球速を意識してしまう投手も少なくありませんが、彼は『投手の仕事はアウトを奪うこと』という意識が最後までブレなかった。センバツで145キロを出した後も、そこは全く変わらなかったのが大きかったですね」

連投を見据え、走り込みで体力を底上げし、球数を抑える新球も完成しつつある。夏の準備は整いつつあったが、坂原には、一つ不安があった。

「この夏は過去にないくらい暑かった。酷暑の中で戦う大会で、鶴田の『4番・投手』はキツイんじゃないか、と思ったんです。ジンクス的な話になりますが、小山にエースで4番を任せていた15年の夏に決勝で負けていたので、また同じ結果になるんじゃないか、という怖さもありました」

負担を減らすために、8番への打順変更を検討した。練習試合では、実際に「8番・投手」で起用し、そこで鶴田が見事な投球を見せたことも、より坂原を悩ませた。考えあぐねた坂原は、鶴田本人に「夏は打順を下げようと考えているが、どう思うか」と投げかけた。すると、鶴田は迷わず、こう返答したという。

「『ここまで4番でやってきたので、夏も貫きたいです』と返事がありました。それに耐えるだけの練習をしてきた自負もあったんだと思います。それと、私の表情から『本当は4番に置きたい』という気持ちを汲み取られたのかもしれませんね（苦笑）。打順を組む上では、当然4番鶴田がベストオーダーだったので」

エースの成長に引っ張られた面もあるのだろう。試合を見ていても、この夏の下関国際は、山口県内で負ける気がしなかった。

18年夏の山口大会初戦となった2回戦、3回戦はコールド勝ちし、光との準々決勝は3対3で延長に突入する激闘となったが、延長10回に5点を奪い、8対4で切り抜けた。この準々決勝から決勝までの3試合は、すべて鶴田が完投。2年連続の対戦となった宇部鴻城との決勝では、初回に本塁打を放ち、投げては完封勝ちで、「エース兼主砲」の役割を果たした。

3季連続の甲子園出場、この年の3年生たちを勧誘するときから言い続けてきた「100回大会で甲子園に行く」という目標を成し遂げ、優勝インタビューで坂原の目に涙が浮かんだように見えた。インタビュアーから「監督の目にも涙が見えますが？」と聞かれるも、坂原は「泣いていないです」と否定している。

3度目の甲子園

3度目となった18年夏の甲子園。初戦の相手は、岩手代表の花巻東だった。この年のセンバツで8強に進出していたチームだが、春の主戦だった左投手が不調で、エースに繰り上がった技巧派の伊藤翼と、本格派の2年生・西舘勇陽の両右腕が守りの中心を担っていた。

鶴田と伊藤の投げ合いでロースコアの投手戦となり、8回終了時点で1対2のビハインド。1点を追う下関国際は、9回表に先頭の鶴田が倒れたが、そこから、吉村、木村、西山勇輝の3連打で同点に追い付き、延長に持ち込んだ。相手エースの伊藤に141球を投じさせるなど、前年とは違い、時間を使った試合運びが功を奏した。

延長10回表は、濱松、甲山、川上顕寛が、9回同様3連打を記録し、この試合で初めて4対2とリードを奪った。鶴田は10回裏に四球で走者を許しながらも、センバツでは投げていなかったツーシームを交えながら後続を断って延長10回を2失点完投。過去2回の甲子園で初戦敗退した悔しさを糧に、悲願の甲子園初勝利を手にした。

9回に起死回生の同点打を放った西山だが、この年に入学した1年生で、同じ左打者、外野手の関山璃久斗にレギュラーを奪われかけていた。事実、春の中国大会では背番号11ながら関山がレギュラー格で出場しており、3年生の中でも「夏の右翼手のレギュラーは関山だな」という空気が流れていた。坂原が解説する。

「春に関山がチャンスを掴んで、西山の立場が危うくなってはいました。それでも、前年の夏もベンチに入っていて、センバツにもレギュラーで出場している経験がある。2年半の厳しい練習に向き合ってきた西山に懸けたい思いが、監督の自分としてはありました。

夏の背番号発表のときも、『西山なの？』という雰囲気が選手にはありましたけど、甲子園で結果を出してくれて、『最後は3年生』『悔しさ、苦しさを知っている選手が結果を出す』と実感できました」

夏に入ってから、坂原は赤い発疹《ほっしん》が体に現れる帯状疱疹《たいじょうほうしん》に悩まされていた。関西入りしてから症状が悪化し、レンタカーを借りて、宿舎から一番近い皮膚科へと駆け込んだ。「院名は覚えていないけど、美容系の皮膚科だった」という医院で手続きをすると、住所に下関と記入されている健康保険証に驚かれ、来院理由を問われた。坂原が言う。

「診察してくださった女性の院長先生から『どうしてここに？』と尋ねられたので、高校野球の指導者で、甲子園出場にあたって、関西に来ていまして……と答えたら、『まあ！それは大変ですね。じゃあ、決勝が8月末だから、そこまで持つようにお薬を出しますね』と言ってくださって。美術の絵具セットみたいな箱に入った塗り薬を処方してもらいました（笑）」

最後は「試合の日は院内のテレビで見ますね！」と送り出された。その日から初戦当日までは欠かさず処方された塗り薬を使っていたが、初戦突破後の夜以降は不要になった。

坂原が補足する。

「初戦突破の次の朝、久々に『よく眠れたな』という感覚で目が覚めました。自分が思っている以上に、これまで甲子園で勝てなかったことに悩んで、ストレスになっていたんだなと思いました。そこから帯状疱疹の症状も治まりました」

下関国際の試合後、第3試合で行われたのが、センバツで下関国際と対戦した創成館と、岡山代表の創志学園の一戦だった。創志学園のエースは、1年後に阪神からドラフト1位指名を受けることになる、当時2年生の西純矢。創成館打線から毎回の16奪三振を記録し、4安打無四球で完封した。打線も二桁安打を放っての7得点で、投打とも隙のない勝ち上がりだった。

前年の17年秋は、岡山大会の3位決定戦でおかやま山陽に敗れ、早々にセンバツ出場の芽を絶たれていたが、下関国際は秋に実施した練習試合で、創志学園に2対9と大敗した。当時、中国大会を終えた坂原を訪ねた際にも「今年の創志学園、相当強いですよ」と話題に上がったことを記憶している。春に再戦となった練習試合では、スコアは1対4と縮まったが、やはり敗れた。さらに夏の甲子園開幕前に、高知の強豪・明徳義塾を率いる馬淵史郎が、「大阪桐蔭を止めるなら創志学園」とのコメントを残したことで、大会の注目校の一角となっていたこともあり、下関国際と対戦することになった2回戦前の下馬評は、圧倒的に「創志学園優勢」だった。

久々の快眠の後、甲子園初白星から一夜明けた選手たちに、坂原は尋ねた。

「次の試合、オレは勝つのであれば待球策だと思うが、今までやってきたことを信じて振っていってもいい。どっちか選んでくれ」

15年夏の山口大会決勝で敗れてから、目標にし続けてきた100回大会に出場し、初勝利を挙げることもできた。いわば第1段階の目標を達成したこともあり、この先の戦い方は、3年間厳しい練習に立ち向かい、前線に立つ選手たちに決めてほしいと思っていた。勝利に近づく公算はあるものの、「西君が好調だったらノーヒットノーランで終わる可能性もある」待球策を貫くのか、可能性が少なくとも、暑い日も寒い日もバットを振り込み続けた練習を信じ、積極策を用いるのか。そのどちらでも坂原に悔いはなかった。

主将の濱松を筆頭に、選手たちに迷いはなかった。選んだのは、「勝ちにこだわるためにも、待球策でいきたい」だった。

意思確認を済ませると、相手の分析を進めて戦略を練った。坂原から見た西の印象は「うちは、まず打てない」だった。初戦で最速149キロを記録した直球の威力、縦に鋭く曲がり落ちるスライダーのコンビネーション、そして無四球で完投した制球力。真正面からぶつかっても、厳しいのは間違いなかった。

そこで、坂原が立てたゲームプランは、「西に5回までに100球を投げさせる」だった。初戦で西が奪った16奪三振の内、11個がボールゾーンへ曲がるスライダーを振らせたものだった。そこで、5回までの走者がいない場面では、2ストライクまで一切バットを振らない方針に決定した。

守備面でカギを握っていたのは、エースの鶴田だった。1対4で敗れた春の練習試合でも登板していたが、この時はツーシームを1球も使わなかった。坂原は、創志学園打線の印象にはない新球が重要になってくると睨んだ。守りでは「打順の一回り目は直球とスライダーでしのいで、二回り目からツーシームを混ぜる」を基本方針に据えた。

8月15日の第1試合として、8時3分にプレーボールがかかった。先攻の下関国際は、初回の攻撃を三者凡退で終えたが、プラン通り2ストライクまではスイングせず、西に15球を投じさせた。初回の印象を坂原が振り返る。

「西くんの投球をベンチから見ていて、捕手が構えた位置よりも左側で捕球しているシーンが目立ちました。直球は思ったよりも指にかかっていない。一方で、スライダーは引っ掛け気味で、右打者の外に外れがちでした。初戦よりもコントロールに苦労している印象で、これなら待球策がいい方向に転ぶかもしれないなと」

2回表も無得点に終わったものの、2四死球を選んで、26球を投じさせた。ここまでは攻守とも想定通りに進んでいたが、2回の守りで修正を余儀なくされる。

2回裏の創志学園の先頭は4番の金山昌平。夏の岡山大会で、県記録となる5試合連続本塁打を放ち、春の練習試合では鶴田からも本塁打を記録している左のスラッガーだ。金山、さらには彼の後を打つ右の強打者・中山瞬を警戒するあまり、鶴田は連続四球を出して、無死一、二塁のピンチを招いた。

送りバントでチャンスを広げられ、打席に入ったのが、坂原が「最も警戒していた」という金谷温宜《はるき》だった。

「初戦を見て、一番警戒していたのが金谷くん。簡単に打ち損じてくれない打者で、彼が初戦と同じく金山くんの後ろにいたり、前の3番を打つ形は嫌だなと思っていました。この試合では7番に打順が下がっていて、試合前にオーダーを見て、ホッとしました」

結果は、戦略上、このイニングでは投げたくなかったツーシームを使わず、決め球に用いたスライダーを捉えられての二塁打。創志学園が2点を先制した。2死後、9番の小谷勝星にも右前打を打たれ、3点目が入ると、「前半に4失点してしまうと、待球策が続けられなくなる」（坂原）ことから、ここで予定よりも早くツーシームを解禁した。

練習試合で、鶴田に対してタイミングが合っていたという1番の岡本伊織を、目論見通りツーシームで引っ掛けさせたが、転がった位置が悪く一塁への内野安打となった。だが、次打者を打ち取り、何とか3失点でしのいだ。3回表の攻撃に向けたベンチでの指示を、坂原が回想する。

「3点を先制された焦りから、どうしても振っていきたくなる場面ですけど、『まずは5回までに100球を投げさせよう』と優先事項を再確認しました。まだゲームプランを変える状況ではなかったので」

この回の先頭は、9番の佐本快だった。3年生主体だったこの代にあって、中堅手の木村大輝とともに、レギュラーを任されていた2年生の一塁手である。佐本はストレートの四球を選び、続く濱松が、カウント1-1から西の直球を強振して左中間を破る二塁打を放ち、1点を返した。2番の甲山は四球を選び、無死一、二塁とチャンスを広げたが、3番の川上がバントを決め切れず、2ストライクからバスターに切り替えて投ゴロでの併殺。得点機がしぼみ、この回の得点は1点にとどまった。

「あわよくば二、三塁、最悪でも一、三塁を作れればと思っていましたが、上手くいきませんでしたね（苦笑）。ただ、待球策を徹底する5回までは無得点で仕方がないと思っていたので、チームとしては思わぬ1点が入ったことへの盛り上がりの方が大きかったです」

4回表にも15球を投げさせ、この時点で西の投球数は78。5回表2死から打席に入った甲山がフルカウントから四球を選び、とうとう「5回100球」の目標を達成した。坂原が言う。

「記録員でベンチ入りしていた学生コーチの辻原輝が、この回から「あと○球」といううに、100球までの残りの球数を読み上げて、甲山の四球でちょうど100球に達したときは、ベンチがワッと盛り上がりました。100球に到達した時点で、劇的に何かが変わるわけではありませんが、やろうと決めて、我慢しながらやってきたことをやり切れた。この時点でヒットは濱松の1本だけでしたけど、そんなことは選手の誰も気にしていなかったと思います」

その後、四球で出塁した甲山が二盗を決めると、川上の叩きつけた打球が、相手三塁手の失策を誘い、下関国際が2対3と1点差に詰め寄る。試合前から降っていた雨が強くなっていたことも、下関国際に味方した。

6回以降はしばらく試合が膠着《こうちゃく》したが、8回裏に再び試合が動く。動かしたのは創志学園打線だった。1死から安打と連続セーフティーバントで満塁のチャンスを作ると、続く打者の二ゴロの間に三塁走者が生還し、2対4。下関国際は、1点阻止の内野前進守備を敷き、狙い通りツーシームを引っ掛けさせての内野ゴロを打たせたが、チーム屈指の名手である濱松が打球を弾くという「らしくない」失点だった。

2点ビハインドの9回表、坂原は「止まっていた試合が動いたぞ。何かある」と選手を鼓舞した。その言葉通り、連続四死球で無死一、二塁のチャンスを作ると、2球のバントファウルで追い込まれた西山が、バスターエンドランを決め、無死満塁とチャンスを広げた。3バントを警戒し、遊撃手が二塁ベースに寄っていたことでガラ開きだった三遊間を抜く一打だった。

無死満塁で、坂原が打席の品川優人に出したサインはスクイズ。通常、満塁で用いることの少ない戦術だが、三塁走者のスタートが相手投手の西の目に入り、ボールゾーンに外そうと投げた球が高めに浮き、暴投で下関国際が1点差に迫った。さらにヒッティングに切り替えた品川が右前にしぶとく安打を放ち、二者生還で逆転に成功した。この作戦について、坂原の高校時代の恩師である長延公平が語る。

「この前の年の秋だったかな、広島大会で私が満塁からスクイズしたことがあったんです。その試合に、下関国際のコーチが中国大会に向けた偵察で来ていましてね。そのコーチが試合後にスタンドで坂原に電話しとったんです。『監督、満塁からスクイズしたんですよ！普通やりますかね？』とか言っていてね。後ろから電話を取って、電話の向こうの坂原に『満塁からだってスクイズあるんじゃ！　覚えとけ！』って言いました（笑）。坂原は『そうなんですか！』とか言ってたんだけど、あいつ甲子園でやるかあ？　と思って。びっくりしましたよ」

9回裏、創志学園は二塁に走者を進めるも、最後は鶴田が4番の金山をライトフライに打ち取り、5対4で下関国際が競り勝った。鶴田が投じた最後の126球目もツーシームだった。

この試合で、西が雨中で投じた球数は179球にも及んだ。翌年、西は3年夏の岡山大会初戦で同じように雨が降った際、「下関国際戦を思い出して、正直投げにくさがありました」と語っていた。後のドラフト1位投手にもインパクトを残す粘り勝ちだった。

ベスト8

続く3回戦では、記念大会となったこの年、東西に二分された東千葉代表として出場していた木更津総合に、4対1で勝利した。2回に濱松の2点適時打で先制すると、終盤にも加点。鶴田も1失点完投で、1度もリードを許さない快勝だった。

初勝利から8強にジャンプアップし、準々決勝は西東京代表の名門・日大三との対戦が決まった。下関国際が関東方面に遠征に赴く際、かつて坂原が所属した社会人チームのワイテックでチームメイトだった臼井健太郎が部長を務める関東第一とともに、胸を借りる存在でもある。日大三との対戦を前にし、坂原は感慨深さを抱いていた。

「下関国際の監督に就任した年の夏、視聴覚室で選手たちに見せた試合が、宇部商と日大三の準々決勝でした。あのときテレビの向こう側にいたチームと、まさか甲子園で対戦するときが来るとは、と思って」
05年夏、甲子園の大観衆の眼下で、まばゆい光を放っていた日大三と、蒸し暑い視聴覚室で燻《くすぶ》っていた下関国際。13年を経て、この2校が甲子園で顔を合わすなど、坂原すらも予想していなかった
準々決勝では鶴田の投球が冴えわたった。7回2死まで無安打無失点投球を続け、坂原が「3年間で一番の投球」と語る出来だった。打線も2、6回に1点ずつを奪い、快進撃の継続を予感させた。だが、「この夏、ここまでほぼ1人で投げていて、鶴田は満身創痍だった」という坂原の不安が的中し、7回2死から初安打を浴びると、8回に無死二、三塁から3連打を浴びて2失点。さらに相手の3番が放った一塁への痛烈なライナーを佐本が弾き、2対3と逆転を許した。
一転、ビハインドを背負った下関国際は、9回先頭の木村が四球で出塁する。この大会のキーマンとなっていた西山が三飛に倒れるも、1死から品川が送りバントを決めた。2死二塁の同点のチャンスとなり、9番の佐本を迎えた。ここで坂原は1年生の関山を代打に送るつもりだった。中継映像を見返すと、ヘルメットをかぶり、準備を終えた関山が画面に映っている。だが、ベンチで3年生の出す声を聞いて、佐本をそのまま送り出そうと決めた。坂原が言う。

「ベンチで3年生たちが『絶対佐本に回すぞ！』と言っていて、佐本本人にも『回すから、お前が決めろよ！』と言っている声が聞こえました。濱松たちが入学してから、ずっと『この3年生たちはどんな形で高校野球を終えるんだろう？』と思っていて、いろいろ想像してもイメージが湧かなかった。それが、手痛いミスをしてしまった2年生の佐本に託す、絶対にミスを取り返させるんだという思いを最後に見せていている。3年生たちがその思いならば、自分もそれに乗ろうと決めました」

結局、濱松、鶴田らの高校野球は、2年生・佐本の空振り三振で幕を閉じた。

甲子園初勝利から最高成績の8強まで勝ち進んだ18年夏を終え、坂原の中で新たな課題が見つかった。「決勝まで辿りつくには、複数の投手が不可欠」ということだった。

やってきたことが間違っていなかったと確認でき、その上で足りないものも浮き彫りとなった夏を終え、4試合を戦った甲子園を後にした。

2020年に野球部専用寮「立志貫道館」が竣工されるまで、寮として借り上げていた下関市内のアパート。小山司、鶴田克樹ら歴代の選手たちが、ここから学校へ通った。

第七章

1年生キャプテン

特徴的なユニホーム

下関国際が2018年夏の甲子園で8強入りした際に、戦いぶりとともに注目されたのが、赤と青のストライプで彩られた、公式戦用のユニホームだった。

青のストライプは本州西端である山口県下関市と九州とを隔てる関門海峡を、赤のストライプは明治維新の時代に存在感を放った長州藩の情熱をそれぞれイメージしている。2本の赤のストライプで、青を挟み込む、めずらしい「トリプルストライプ」という方式を採用した、斬新なデザインだ。

見る者にインパクトを与える〝戦闘服〟の誕生に一役買ったのが、野球用品メーカー・エスエスケイの営業担当を務める坂口厚介だった。岡山の倉敷高を卒業後、エスエスケイに入社した坂口は、180センチの長身と、ギョロっとした大きな目が特徴で、初対面の人間は思わず気圧《けお》されそうになるが、「ここだ！」と直感したチームのグラウンドに足繁く通い続ける生真面目さと、きめ細やかな提案力に定評がある営業マンだ。

坂口は中国地区全域を担当エリアとしていた09年に、初めて下関国際を訪れた。グラウンドを訪れると、ちょうどボール回しをしているタイミングだった。同年夏に山口大会8

強入りという結果を残したとはいえ、選手数も多くはなく、個々の技量にも差がある頃。ボール回しの光景に圧倒されることはなかった。印象的だったのは、監督の坂原秀尚の姿勢だった。

「捕らんといけない胸の高さのボールを取り損ねる選手もいたり、技術的な部分は高くはありませんでした。それでも、『選手がいないから』とかは一切言わず、監督が『どうやったら勝てるんか？』と必死に考えているのが一発で伝わってきた。そこが印象に残りましたわ」

この訪問時、坂口はバックネット裏の監督室にあった公式戦用の帽子を手に持ち、「監督、ちょっと借ります」と言い、グラウンドを後にした。

数日後、下関国際を再訪した坂口の手には坂原から借りた帽子と、坂原が監督就任時に自身でデザインした「ＳＫ」のロゴを、一回り大きくしたサンプル品が抱えられていた。

坂口が言う。

「パッと帽子を見たときに、もうちょっとロゴが目立った方がええなあと思いましてね。それでロゴを少し大きくしたサンプルを作らせてもらいました。それを見た監督が喜んでくれましてね」

それまで下関国際は、他社でユニホームを作っていたが、そのメーカーの営業担当が頻繁にグラウンドを訪れることはなかった。スポーツメーカーは営利目的の企業。自社の利益を上げるために、販売数の見込める部員数の多いチーム、勝ち上がって甲子園出場の可能性が高いチームを手厚く訪問するのは致し方ないことではあるが、坂原は暗に「勝てるわけがない。これから強くなるわけがない」と言われているようにも感じていた。それだけに、坂口の心遣いが坂原には大きく響いた。喜ぶ坂原を見て、坂口は思わず、こう申し出た。

「困ったことがあったら、いつでも連絡ください。紐1本でも来ますんで」

この「紐1本」とは、グラブに使われる革紐を指す。グラブを使い込むと、グラブに通されている革紐は摩耗し、切れることがある。各メーカーは1本1000円前後で交換用の革紐を販売しているのだが、それが1本必要になっただけでも、自分に連絡してもらって構わないと伝えたのだ。勝つために全身全霊でサポートしたいという宣言だった。

坂口は、年月を重ねるごとに下関国際の可能性に魅せられていくことになる。納品や商品説明でグラウンドを訪れると、坂原から「坂口さん、すみません！　ちょっと待っていただいてもいいですか？　これから走らないといけなくて」などと言われることもしばしばだった。坂口が言う。

「どうしたんですか？　と聞くと、『監督の自分も走るから、やるぞ、と選手たちと約束していたので』と。この人ここまでするんやな、本気なんやなとグラウンドに行く度に思わされました」

ある日、坂口から坂原に「ノックバットを替えませんか?」と持ち掛けた。それまで坂原はカーボン素材でできたノックバットで打っていた。が、坂口には「カーボンは折れなくて便利なのはいいんですけど、どうにも音がよくない」ため、木製の方が公式戦前のシートノックの際に締まりが出るというこだわりがあった。

坂口は自身が担当していた、広島の尾道を率いる北須賀俊彰が愛用していたものと同型のバットを提案した。根元からグリップが細身なのに対して、芯からヘッドにかけては大きく膨らんでいるという〝ビール瓶〟に似た形状のモデルだ。最初に手渡した際には、「使いこなせるかな」とたじろいだ坂原だったが、慣れた今は「外野フライが楽に打てる」と恩恵を感じていると話す。坂口は、バットの配色にもこだわりを詰め込んだ。

「バットのヘッドを下に向けた時に、公式戦用のストッキングと同じ模様になるように塗装しました。人一倍いろいろな物事にこだわる人なんで、こっちも追いつきたいと思っていましたね」

坂原から「ユニホームを刷新したい」と相談されたのは、13年だった。坂原の就任前は漢字で「下関国際」と胸に刺しゅうされたデザインだったが、就任時に変更。縦じまの左胸に校章と筆記体の「ＫＯＫＵＳＡＩ」を入れたユニホームに変更した。「校章とスクールカラーの緑を入れてほしい」という学校側のリクエストに応えた格好だった。

その後、アンダーシャツと帽子を緑から青に、ユニホームの生地は白地に変更した。胸には2段配置で「ＳＨＩＭＯＮＯＳＥＫＩ　ＫＯＫＵＳＡＩ」と入れた。胸文字の左胸上部には坂原がデザインした「ＳＫ」マークを入れるなど、細かな違いはあるものの、一見すると、坂原の母校である広島国際学院に瓜二つのユニホームだった。

公式戦初勝利、09年夏の山口大会8強、そして11年夏の同4強もこのユニホームを着て成し遂げた。が、13年当時、広島の名門・広陵で部長を務めていた市場直樹の「母校とそっくりなユニホームだな！　でも、恩師の長延先生を超えて甲子園に行かないといけないのに、同じじゃいけんじゃろう！」の一言が強く印象に残り、刷新を意識するようになったのだ。

坂口は坂原の思いを汲《く》み、「どこにもないユニホームを作ろう」を合言葉に新デザインの考案が始まった。当時、ピンストライプのみではなく、複数のラインを組み合わせた、「ダブルストライプ」「トリプルストライプ」が高校野球でも解禁され、前述のメッセージ性を含んだ赤と青のトリプルストライプをデザインの軸とした。胸文字の「ＳＨＩＭＯＮＯＳＥＫＩ」「ＫＯＫＵＳＡＩ」を2段で配置するのは先代と同様だったが、書体を改めた。坂口が数パターンのデザインを起こし、坂原と吟味した結果、現在のロゴが採用された。

坂原と坂口で意見が分かれたのは、ストッキングのデザイン。坂原の希望は赤ベースのものだったが、坂口は全体のバランスを重視し、帽子とアンダーシャツに近い青を薦めた。最終的には坂口案の青ベースのものが採用されることとなった。

大筋のデザイン完成後も試作を重ね、微調整を繰り返しながら、「どこにもない」青と赤のストライプを基調としたユニホームが完成した。新ユニホームは、14年春の山口大会初戦の響戦で初披露と相成った。坂原と選手たちが袖を通す姿を、坂口は「ええユニホームやなあ」と達成感を噛みしめながら、スタンドから見届けた。

17年夏からストッキングが坂原の希望だった赤を基調としたものに、21年秋の山口大会から「V」の形状だった首元がボタンタイプに変更されたが、ベースのデザインは変わっていない。

ストッキングが赤を基調としたものに変わって以降は、坂口のこだわりだったストッキングと色味を合わせたノックバットも赤ベースに変わったが、甲子園だけは青のストッキング時代のノックバットを使い続けている。坂原が理由を明かす。

「ストッキングが赤になってからも、甲子園だけは青の時代のノックバットで打っています。15年のシーズンから使い始めた1本で、15年の初めての春の県大会優勝時も使っていたバットでした。15年を最後に坂口さんが異動されてうちの担当を外れられたんですが、坂口さんに手わたしていただいた最後のバットなんです」

何度もボールを打った芯の部分を中心に塗装が一部剥がれており、年季を感じさせる。以前のユニホームやストッキングを知らない今の選手たちからは、「なんで甲子園だけ色が違うんですか?」と不思議がられることもあるという。坂原は、その度に恩人である坂口と、このバットを手に向き合ってきたOBたちの存在を伝えている。

「15年の夏に県大会の決勝で負けたときも使って、初めて甲子園に行った17年の夏は県大会から甲子園まで使って、22年の甲子園の決勝でも使って……。勝ちも負けも両方知っているバットですね」

いずれ再び甲子園の決勝に立つときも、坂原はこのバットで臨むと決めている。

快進撃に憧れた世代

18年夏の甲子園から戻ると、3年生は出場が決まっていた国体の準備、1、2年生はセンバツに向けた秋の山口大会の準備に入った。

新チームの主将には、1年時からベンチ入りし、2年時からは中堅手のレギュラーだった木村大輝が任命された。18年の春から2番手投手を兼務していた木村は、新チームの主戦格も担うこととなった。木村とともに、前チームで数少ない2年生レギュラーだった佐本快は、中学時代まで守っていた遊撃にコンバートされた。新チーム発足初日の練習で、内野手用のグラブを持ってくるべきところ、それまでと同じくファーストミットを手にグラウンドに現れてしまい、坂原から「これからショートとして引っ張っていかないといけない人間なのに、どういうつもりだ！」と大目玉を食らっている。

18年秋は準々決勝で岩国商に2対5で敗退。6回に1対1に追いつき、延長戦に持ち込むも、13回表に4点を勝ち越され、万事休すとなった試合だった。新チームの始動が遅れていただけでなく、秋の山口大会3回戦と準々決勝の間には福井県で開催された国体があり、新チームと前チームが並行して活動しなければならないという、難しい調整が必要だった。

19年春は準々決勝で、優勝した高川学園に2対4で敗れた。序盤に失点を重ね、終盤に2点を返すも及ばない展開だった。試合後、坂原が「負けるのは仕方ないにしても、もうちょっとやれたなあ……」と、戦い方がしっくりと来ていない様子で悔いているのが印象的だった。

3連覇がかかっていた19年夏の前評判は高くなかった。濱松晴天らの世代が、下級生時代から経験を積み上げ、3年の夏に大きな結果を残したように、同じく下級生を鍛え上げて翌年以降の甲子園を狙うのだろう。このように語る山口県内の指導者も少なくなかった。だが、坂原は決して甲子園を諦めてはいなかった。6月下旬、下関球場に佐賀の名門である佐賀商と、初めての甲子園で対戦した香川の三本松を招いての練習試合が行われた。その試合後、坂原を訪ねると、周囲の予想に反する言葉を発した。

「『今年は監督も諦めてるでしょ?』みたいに言われる方もいるんですけど、そんなことはなくて。今年は本当に〝忍びの野球〟をするしかないんですけど、自分が諦めたら終わりなので」

戦力と豊富な経験値を擁した前年とは異なり、投打とも地力は劣る。強豪に真正面から向かっても厳しいのは間違いなかった。それでも何とか勝機を探る姿勢を「忍びの野球」と表現した。だが、先輩たちの甲子園8強を超えようと奮闘した木村たちの世代は、春夏とも甲子園に行けなかった。

19年夏、下関国際は3回戦で宇部鴻城に敗れた。完投した木村が8失点を喫しての、1対8の7回コールド負け。完敗だった。宇部鴻城は続く準々決勝で高川学園に競り勝ち、ノーシードから甲子園出場を果たした。

同年秋は3回戦で早鞆に4対14の6回コールド負けを喫し、4年ぶりに秋の8強入りを逃した。〝冬の時代〟とも呼びたくなるような公式戦敗退が続く中、この翌年の20年に入学した選手たちから再び流れが変わるのだが、それには、坂原の意識の変化が関係していた。

志のある選手を集める

それまでは、夏の大会が終わった後、他校から声がかかっていない中学3年生に声をかけるのが基本だった。だが、18年秋からは、多くの強豪が取り組むように、中学2年生の秋、冬から選手を視察するようにしたのだ。坂原が言う。

「100回大会で甲子園に行こうを合言葉に下関国際に集まった濱松たちの世代で、甲子園ベスト8という結果を残すことができました。2年生の夏にチームを仕上げようと意識した指導で結果を残せたことに手ごたえを感じながらも、同じようにやっても、これ以上の結果は出ないんじゃないか……とも感じていました。何かを変えなければ、日本一にはなれない。そこで、まず変えてみようと思ったのが、選手勧誘でした」

今振り返っても、濱松、鶴田克樹らの世代は、実に下関国際らしい、絶妙なバランスで成り立っていたチームだと思う。チームの核となった濱松、甲山達也の二遊間や吉村英也のように、強豪からは声がかからないながらも、歴代の下関国際にはいなかったような技量を持つ選手もいれば、黎明期の宮崎敦次や小山司のように無名の野手からエースに躍り出た鶴田という完全無印の選手もいた。そんな玉石混交の選手たちを叩き上げて、チームを全国8強まで引き上げたのは、坂原就任後の下関国際の集大成のようだった。

「100回目の夏に下関国際で甲子園に行く」という志を持った選手たちが集まり、甲子園8強を成し遂げた。ならば、その躍進を目にし「甲子園8強を超える」という目標を抱いた選手が集えば、それを超えられるのではないか。

今まで以上に広いエリアから、その熱い思いを共有できる選手に来てほしいと思っていた。

歴代の指導経験をもとに生み出した育成論と、待球作戦などの思い切った采配の両方が噛み合って甲子園8強にたどり着いた。達成感の一方で、同じようにチームを作れたとしても8強止まりなのではないかという思いが芽生えていた。

それを打破するための第一歩が選手勧誘だった。今までは山口、広島、福岡の選手が中心だったが、中学野球のレベルが全国屈指とも言われる関西圏の選手たちの視察にも出向くようになった。甲子園に出るまでは、県外で「下関国際の坂原です」と挨拶をしても、「どこのチーム?」というような怪訝《けげん》な表情をされることが少なくなかったが、8強に進出したこともあり、どこで挨拶しても、「あのストライプのチームですよね」と言われるように変化していた。この認知度向上も、選手勧誘においては重要だった。

18年秋に目にしたのが、兵庫北播シニアの二塁手兼投手だった仲井慎、ダルビッシュ有(現・パドレス)らを輩出した大阪の名門・羽曳野ボーイズの赤瀬健心たちだった。

坂原が仲井を初めて見たのは仲井が中学2年の頃だった。大会名は思い出せないというが、「硬式の連盟に未登録のチームも出ていたので、おそらくローカル大会だったと思う」という大会で、甲子園球児を多数輩出している強豪・南大阪ベースボールクラブとの試合を見た。

坂原自身も投手出身だが、「投手しか経験のない選手は、コントロールに難がある場合が多い。逆に内野手経験のある選手は送球練習をしているので、投手になってもコントロールに困らない」という持論がある。中学時代に内野手だった小山や、捕手だったもののキャッチボールや送球の感覚の良さがあった鶴田の投手転向が成功したことで、確信を深めている理論でもあった。仲井は、この観点に見事なまでに合致する選手だった。当時は主に二塁手で、体の線も細かったが、指先の感覚のよさを生かして乱れない送球を投じ、マウンドに上がってもストライクを取ることに苦労しなかった。

坂原が初めて仲井を見た試合を、大阪桐蔭を率いる西谷浩一も観戦している。スタンドで顔を合わせ、対戦した福井国体初戦の話になり、試合で見せる鋭い眼光とは真逆の穏やかな表情で、「あの根尾（昂）のホームランは台風の風に乗ってましたねぇ」など、関西流のジョークを坂原に飛ばしていたという。

この日の西谷は、坂原の記憶が正しければ「南大阪の4番を見にいらっしゃっていた」。駆け引きはあるだろうが、坂原の目には、西谷は仲井に興味を持っていないように映った。仲井は関西圏では内野手として評判で、兵庫県内で名門と呼ばれる甲子園常連の私立、この当時上り調子だった公立校が、熱心に声をかけていることを坂原も把握していた。最終的には、坂原の動き出しの早さと、野手一本ではなく、投手としての起用を含めて声をかけていたのが決め手となり、仲井の下関国際進学が決まった。

赤瀬も、ほぼ同時期に初めて見た選手だった。坂原が訪れた試合で、内野安打を量産した脚力と、「グラウンドでも、ベンチでもずっと何かしら声を出しているような選手だった」（坂原）という性格面が気に入った。試合後にダルビッシュを育てた羽曳野ボーイズの監督の山田朝生ら、チーム関係者に挨拶をすると、「赤瀬は、まだ進路は決まっていないよ」との返答があった。元々大阪府内の公立高校受験を考えていたとのことだが、最終的には本人の「大阪府外のチームに挑戦して、甲子園を目指したい」という気持ちが後押しとなり、入学が決まった。

もう1人、この世代を語る上で重要なのが、和歌山北ボーイズの主将を務めていた山下世虎である。当時の和歌山北には、高校進学後もドラフト候補に挙げられる遊撃手がいた。結局、進学先の高校を中退するなど、〝やんちゃ〟な側面があった選手で、加えてチーム随一の実力を持つが故に、周りはその選手に一歩引いている状況だった。だが、主将の山下は、その選手に対しても主将として伝えるべきことを毅然《きぜん》と指示していた。自分よりも実力がある選手に対しても、媚びず、引かない姿勢に坂原は魅力を感じ、声をかけた。山下はもともと「今までボーイズの先輩が進学したことのないチームでやりたい」と関西圏外に野球留学をしたい希望を持っていたこと、中学2年の夏休みに甲子園のテレビ中継で下関国際の活躍を見ていた憧れから、入学を決めた。

山下らの入学を前に、学校にも大きな動きがあった。下関国際には普通科、機械科の2学科があったが、20年度の入学生から、普通科に「アスリートコース」が新設されたのだ。アスリートコースについて、下関国際の公式サイトでは、このように紹介されている。

〈アスリートコースは、硬式野球に特化したコースです。厳しい練習に打ち込む仲間と切磋琢磨し、「球道即人道」をモットーに優れた人間力の育成を図り、進路実現を目指します。週3日、午後を活用した本校独自の科目「スポーツ探究」を部活動に繋げて、「心・技・体」

揃ったトップアスリートの育成に取り組んでいきます〉

学校が野球部をよりバックアップするような新コース。これまで野球部員の多くは機械科の機械コースに入学することが多かったが、この年以降はアスリートコースに入学するのが基本となった。

さらに、19年12月には野球部のグラウンドの目と鼻の先に野球部の専用寮が竣工した。借り上げたアパートを寮として使用していた時代は、市内にあった飲食店「新下関食堂」と提携して、専用メニューの食事をとっていたが、食堂も寮に併設されたことで、練習、食事、休養が一本化できるようになった。

寮名は「立志貫道館」。同校理事長の武田種雄が好きな言葉である「立志」と、練習や物事への取り組みをしばしば道に例え、「決めたことをやり通すことで、人生は1本の道になる」と表現するなど、坂原が大切にしている自身による造語の「貫道《かんどう》」を組み合わせた。

スポーツ系のコース設立と寮の建設は、坂原が長年学校に必要性を訴えながらも、実現していなかったものだ。これらが実現したのは、坂原の就任直前は廃部の危機にあった野球部が、学校のアピールポイントにまで成長したことを示していた。

20年3月25日に、アスリートコースの1期生である山下ら1年生が、立志貫道館に入寮した。この代が入学した20年は、未曾有《みぞう》の事態が世界を襲っていた。新型コロナウイルスが全世界的に蔓延し、第92回大会として開催されるはずだった春のセンバツは中止に追い込まれた。山口県の春の公式戦も中止になり、5月20日には、夏の甲子園の中止も正式に発表された。

夏の甲子園が中止となったことで、甲子園に繋がる各都道府県大会も合わせて中止となったが、各地方高野連主催での夏の大会が企画された。山口でも「やまぐち高校生2020メモリアルカップ夏季高等学校野球大会」の大会名で、県独自の大会が開催された。

甲子園に繋がらない大会にどう臨むかは、各チームで判断が分かれた。部員数が限られるチームは、必然的にベストメンバーで臨むことになる。だが、部員数の多いチームは、下級生を含めた全選手からベンチ入りメンバーを選ぶのか、来年以降、再び甲子園を目指せる下級生はメンバーから外し、この大会で高校野球を終える3年生のみの選手構成で臨むのかの判断に迫られた。

坂原が選択したのは、前者だった。

「部員全員が『下関国際で甲子園に行きたい』と集まって、努力してきた中で、『3年生だから』という理由でメンバーに入って、本当に喜べるんだろうか？　と思いました。最後まで横一線で競争して、その上で勝つために選ばれたレギュラー、ベンチ入りだからこそ価値があるんじゃないかなと。今までの選手たちも、グラウンドやベンチで上級生が戦う姿や悔しがる姿を見て、それがチームの強さになってきました。甲子園と関係のない大会だからという理由でその機会を奪ってしまったら、チームの伝統も途絶える危機感がありました」

1年生を含めて夏まで競争させ、ベンチ入り20人の内、1、2年生を17人登録した。1年生からは、山下、仲井、賀谷勇斗、赤瀬の4人が一桁背番号を手にした。

1年生キャプテン

大会前、報道機関向けに、選手の氏名とその振り仮名、身長と体重、出身中学校、入学年などが記載された「選手資格証明書」という資料が配布される。その選手資格証明書で、山下の背番号である4に、主将を示す丸囲いがされており、周囲は驚愕した。

配布後、山口県内の記者数名から「これ、間違いですよね」という話を振られたことがあった。もともとこの年の3年生に、秋まで背番号4で主将を務めていた片山季殊羽《きしゅう》という選手がいた。片山の背番号を3に替え、空いた4番に山下を登録した際、誤って主将のマークを外し忘れたのではないかと周囲が思ってしまうほど、高校野球での1年生主将は現実離れしていた。だが、これは誤植ではなく、坂原は夏前から山下に主将を任せていた。それほど、山下のキャプテンシーは絶大だった。

「中学野球の試合を見て、『いい選手だなあ』と思った選手でも、いざ入学してきて、上級生に混ざってプレーすると、力量差を感じることも少なくありません。中学生の中では特別に見えても、高校野球で練習を積み重ねている上級生と一緒にグラウンドに立つと、体格や技術が少なからず見劣りする。でも、僕が期待していた山下のキャプテンシーには、そういったギャップが全くありませんでした。中学生時代にグラウンドで見せていた存在感を、高校に入った直後も全く変わらずに出していました」

寮には坂原が寝泊まりできる監督室も併設されており、常駐している。寮には選手たちの部屋がある棟と、食堂が設置された棟の二棟があり、監督室は食堂側の棟に設けられていた。

部屋と部屋とが明確に区切られたアパート時代よりも、寮では選手たちの生活ぶりがよく見える。練習の準備でも、寮での食事の時間でも、山下の周りには人がよく集まっていた。その様子を見て、最高学年になるのを待たずして主将に任命しても問題ないと判断したのだ。加えて、社会人野球までプレーした坂原の経験も後押しになった。

「社会人野球やプロ野球では、必ずしも最年長の選手がキャプテンをやるわけではありませんよね。キャプテンに向いている、適役と思われる選手が任される。特にこの代の3年生はキャプテン向きの選手がいなくて、何度かキャプテンが代わっていました。その状況だったので、山下というキャプテン向きの人材がいるのなら、キャプテンをポジションの一つのように考えて、任せてみようと」

山下らの入学直後、新入生たちのプレーぶりを見た周南スポーツの高瀬英明には、こんな記憶がある。

「入ってきたばかりの山下を見たとき、正直、能力的にはレギュラーを獲れるかギリギリのラインだと思いました。坂原さんに『あの内野の子、ちょっと厳しいんじゃないですか?』と話をしたら、『キャプテンを任せようと思って声をかけた選手だから』と言われて。『ええ!? そこを見ていたの?』と驚きましたね」

山下主将での公式戦初陣となった20年夏の初戦は、3年生投手から、背番号11の1年生・古賀康誠、仲井の3人で大津緑洋打線を2失点に抑え、10対2の8回コールド勝ちで飾った。打っても3年生の関山璃久斗に続き、賀谷、仲井が長打を記録した。

この夏は、2回戦で下関商に1対2で敗れ、早々に幕を閉じた。だが、1年生主将・山下を筆頭に、公式戦デビューを飾った1年生たちの力量は、この時点でも目立っていた。

「下関国際は2年後が勝負」という山口県内の共通認識が生まれたが、2年後を待たずして、結果を残すことになる。

代が替わっても、山下主将体制は継続された。2年生が10人と少なかったこともあり新チームの背番号1は仲井が手にし、捕手の守優雅《まさみ》、一塁手の山川太陽、左翼手の片桐優介の2年生3人以外は、ズラリと1年生がスタメンに名を連ねた。

若いチームが故に、ミスは多かった。6試合を戦った20年秋の山口大会は計10失策。坂原がチームの身上に掲げる守りで苦戦しながらも、怖いもの知らずの若さが生む勢いで4度逆転勝ちし、決勝まで駒を進めた。

桜ケ丘との決勝は、互いに無得点のまま延長へ。延長11回に3点を勝ち越されるも、賀谷の適時打などで追いつく粘りを見せた。だが、最後は古賀をリリーフした松尾勇汰が力尽き、3対5で惜敗した。ただ、準優勝したことで、センバツが懸かる中国大会には出場できる。この年の桜ケ丘は前年の1年生大会で優勝しており、いわば勝負の世代だった。そのチーム相手に、下級生主体のチームで善戦できたのだから、満足とはいかないまでも、坂原も喜びがあるのではと思っていたが、違った。

決勝後、下関球場から引き上げる坂原に声をかけると、明らかに不機嫌だった。あてが外れて焦りながらも、試合を振り返ってもらうと、最後にこう言った。

「1年生たちには、甲子園がかかっている大会の決勝で負ける経験をさせたくなかったので……。決勝での負けを知らないままで3年の夏を迎えさせたかったんです」

今までの下関国際の成長には、必ずキーポイントとなる敗戦があった。悔しさと反省点を得て、再び前に進むのが下関国際というチームだった。その流れにあって、甲子園を目指す大会では1度たりとも負けを経験させたくないという坂原の言葉が、山下たちへの期待の大きささを示していた。

続く中国大会でも、準々決勝で優勝候補だった岡山学芸館を、勝てばセンバツ出場がほぼ確実となる準決勝では、賀谷の先頭打者本塁打で口火を切り、米子東を7回コールド勝ちで下すなど、ミスが出ながらも決勝まで勝ち上がった。

山下たちが入学してから、約半年が経過し、坂原の想定通りの部分と、そうでない部分が徐々に顕在化してきた。

予想外だったのが、左投手の古賀の台頭だった。2学年上の関山が在籍するなど、かねてから接点のあったヤングリーグ所属の北九州若松アンビシャスの出身で、1年夏から背番号11でベンチ入りし、秋の山口、中国の両大会でも引き続き11番を背負っていた。この時点では、坂原が投手として期待していたのは、古賀よりも仲井だった。前述の通り、内野手を兼務する好投手タイプで制球の不安も少ない。入学直後の4月に、別件で坂原から連絡があったとき、「兵庫から来ると思っていなかった選手が来たんです。内野手と投手をやるんですけど、コントロールがいいんですよ」と仲井に触れていたことからも、期待の大きさが窺《うかが》えた。が、仲井は夏休みに暑さから夏バテになり、一時期食事量が一気に落ちた。体重の減少に伴い、130キロ台中盤まで出ていた球速も落ち、秋は背番号1ではあるが、遊撃手での出場が大半だった。

その間に台頭したのが古賀だった。やや大きめのバックスイングを取るテークバックでトップを作り、豪快に投げ下ろすピッチングスタイルで、中国大会では決勝を除く3試合に先発し、試合を作ってみせた。18年に鶴田に次ぐ投手を育てきれなかった苦い経験から、仲井に並ぶ投手を作りたいという、坂原の育成方針も垣間見えた。

大会が進むにつれて、報道陣から「古賀くん、いいじゃないですか」と聞かれたり、古賀が好きな投手を「江夏豊さんです」と答えたことから、「江夏2世」「令和の江夏」などの表現がなされても、坂原のトーンは、さほど上がらなかった。これまでの監督人生で、3度の甲子園を含め、勝ち進んだときのほとんどが右投手。「僕、左では勝ってないんですよね」とこぼしていたのも記憶に残っている。

逆に想定内だったのは、主将の山下の挫折だった。坂原は、この頃の山下を「パワーが少なくなっていた」と表現する。

「自分の結果が出ていないときに周りに強く言えなくなったり、少し山下が求心力を失っていた時期でした。これは山下に限ったことではなくて、キャプテンをやると誰しもが陥ること。どうしても怒られ役になるので、ずっと崩れないままキャプテンをやり遂げる選手はほぼいません。濱松ですら、一時期上手くいってなかったくらいなので。中国大会でも、宿舎から球場に移動する間のミーティングで、僕が事前に説明したこととズレたことを山下が言ったりしていたので、そろそろ難しくなってきたなと思っていました」

坂原からの指示を徹底しようと、山下が移動のバス内で発言するも、その趣旨とはズレが生じる。そのときに、「監督さんが言っていたのは、そういう意味じゃないだろ」と指摘したのが、同じ1年生の賀谷だった。

呉中央シニア出身の賀谷は、中学時代の学業成績も優秀で、「市内トップ校は難しいにしても、2番目の学校だったら入れる」(坂原)成績だったという。筋道を立てて物を言える男でもあり、圧倒的なキャプテンシーを持つ山下がいなければ、主将を務めてもおかしくない人材。結局、センバツに向けてトレーニングを重ねていた12月から、山下から賀谷へと主将を交代することとなった。

交代を告げられたとき、山下は「悔しかった」が、主将という要職を外れたことで、発見も多かった。賀谷が他の選手を注意する姿に、「こういう言い方もあるな」「自分は、あのとき、これができていなくて怒られたのか」など多くの気づきを得ていた。

この冬、小山司が何度も逃げ出した14年の冬ほどではないにしろ、近年では最も密度のある練習を選手たちに課した。グラウンドと寮が隣接していることもあり、朝5時からグラウンドに出て、素振りやロングティーを繰り返した。

「このときの1年生たちは、自分の想像よりも早く結果を残しました。県大会から何度も危ない試合があって、僕は『3度死にかけた』と言っていたんですけど、センバツ圏内まで勝ち進むことができました。一番嫌だったのは、『甲子園って簡単に行けるじゃん』と1年生たちが思ってしまうこと。そこを勘違いさせないためにも、あえて冬は厳しくやってみようと」

過酷な練習を連日こなす中、1月下旬には、2度目のセンバツ出場の吉報が届いた。センバツでは、引き続き主将が賀谷、背番号1は古賀になり、仲井は背番号6での登録となった。

オンライン上で行われた抽選会では、聞き取りやすさを考慮してか、数字ではなく、50音順でクジが用意されていた。賀谷が「『さかはら』の『さ』でお願いします」と選んだクジで決まった初戦の相手は群馬の健大高崎だった。

自らの発案でカーボンから木製に素材を替え、ストッキングと合わせた塗装が施されたノックバットを手にする坂原。

2020年、普通科アスリートコースの新設に合わせ、校内に竣工された野球部専用寮「立志貫道館」。理事長の武田が好む「立志」と坂原が大切にする「貫道」という言葉を組み合わせて命名された。

第八章

勝負の世代

勝負の世代

2021年の下関国際は、2度目のセンバツ出場に際し、3月の練習試合解禁後、15試合を消化して甲子園に乗り込んだ。

初戦となる健大高崎戦の先発は、「練習試合で一番安定して試合を作れていた」（坂原秀尚）という松尾勇汰に任された。松尾は福岡県北九州市で活動する「八幡ボーイズ」の出身で、縦に大きく割れるスライダーと、両サイドにテンポよく投げ分ける制球力が武器の右投手だ。仲井慎の調子が上向かなかった秋に、古賀康誠との継投で試合を作った。

この年の健大高崎には小澤周平という、170センチ台前半の身長ながら、センバツの開幕直前の段階で高校通算35本塁打を数える左の強打者がいた。だが、坂原が秋の映像を見る中で、最も警戒しなければならないと感じたのが、小澤の後ろを打つ、森川倫太郎だった。

森川は小澤と同じ左打者だが、180センチ台半ばの体躯を誇り、見るからに打球を飛ばしそうな雰囲気が漂うスラッガーだった。「ピンチで森川を迎えた場面で、左投手の古賀を投入する」。これを下関国際の継投の軸と定めた。

ただ、センバツに臨むにあたり、坂原には不安があった。

「初めてセンバツに出たときも感じたんですが、春に打撃を仕上げるのは難しい。皆さん、どうやっているんですかね……」

下級生時代からのレギュラーが大半だった18年のチームですら、春は打線が仕上がり切らなかった。新2年生主体で臨むこのセンバツは余計に難しいのではと懸念していたわけだが、不安は的中することになる。

健大高崎先発の髙松将斗の速球に手こずり、3回表に森凜琥《りく》が放ったチーム初安打以降、8回まで無安打に封じられた。6イニングを3者凡退で終えるなど、粘って活路を見出すチームのスタイルを全くと言っていいほど発揮できないまま、試合が進んだ。

守りでは、松尾が2回裏の1死から警戒していた森川に中前打を浴び、下位打線の長打2本で2点を先制された。続く3回裏1死一、二塁で再び森川に打順が回ると、試合前に立てた方針通り古賀を投入した。センバツで初めてエースナンバーを背負った古賀は森川を見逃し三振に斬り、4回からは1安打2四死球にまとめ、7回までは無失点に抑えた。

だが、疲労が見え始めた8回裏に健大高崎打線に捕まる。1死から失策で出塁を許すと、盗塁を決められ、4番の小澤に右越えの二塁打を浴びるなど、この回4失点。

下関国際は6点を追う9回表に、先頭打者の森の代打・染川歓多が内野安打で出塁し、

1番・片桐優介の左中間を破る二塁打で1点を返した。さらに2番の仲井の捕手フライの間に片桐が三塁へタッチアップを決め、3番・賀谷勇斗の内野ゴロで生還したが、反撃はここまでだった。2対6で敗れ、センバツ初勝利はならなかった。入学から1年足らずで甲子園出場を手にした山下世虎たちにとって、全国で勝つ難しさを痛感させられる敗戦となった。

2度目のセンバツは悔しい結果に終わったが、山口に戻ってからは、再び隙《すき》のない戦いを見せた。

21年春の山口大会では、2、3回戦をコールドで快勝した。準々決勝以降は、点を取っては取られる乱打戦続きだったが、決勝で高川学園を13対10で下し、6年ぶり2度目となる春の山口の頂点に立った。

春の山口大会では古賀の登板はなかった。夏の主戦格として考えていた古賀を県内の他チームに見せず、仲井、松尾、そして投手陣唯一の3年生で右サイドから140キロ超の直球を投じる長《ちょう》琉之介の3人を使い分けての優勝だった。

鳥取県で開催された春の中国大会では、前年秋に続いて決勝に進出した。決勝の相手は、中国地区からセンバツに出場していた鳥取城北、広島新庄を続けて下した岡山の創志学園だった。18年夏の甲子園2回戦以来となる公式戦での創志学園との戦いで、坂原が先発のマウンドに送り出したのが古賀だった。

センバツ以来の公式戦登板となった古賀は、初回に2長打を浴びて先制を許すなど、7回5失点で降板。打線は7安打を記録したが、本塁が遠く0対5で敗れた。これで、中国大会の決勝は秋春通じて4連敗となった。とはいえ、センバツの懸かった秋と違い、春の中国大会は甲子園に繋がらない、夏の前哨戦のような位置づけだ。大会が開催された6月初旬は、夏に向けて練習の強度を上げていた時期で、発展途上のチームが秋春連続で中国大会決勝に進めただけでも御の字だった。

21年夏の山口大会でも、下関国際は優勝候補の筆頭に挙げられた。春に県内で見せなかった古賀、試合を壊さない安定感がある松尾、復調しつつあった仲井、球威は投手陣ナンバーワンの長が並ぶ投手陣、4人を束ねる3年生捕手の守優雅もプロのスカウトからマークされるなど、戦力は充実していた。

その一方で、決して〝1強状態〟ではなかった。春の山口大会準々決勝の岩国商戦では、下関国際野球の根幹をなしている守備で3失策を犯した。毎日のように投内連携などの守備練習に取り組んでいるとはいえ、一塁手の山川太陽以外の内野陣は2年生で、積み重ねた練習の絶対量に限界がある。ミスが出ても仕方がない状況だった。山下、仲井、賀谷、赤瀬健心からは、1年生だった前年夏から公式戦に出場していたが、甲子園出場を懸けた夏は初めて。実質最初の夏と言える状況に、優勝候補と見られるプレッシャー。これを跳ね返せるかがカギだった。

下関国際の対抗馬に挙がっていたのが、春準優勝の高川学園と、前年秋3位で中国大会に出場していた宇部鴻城だった。個人的には、打力があり、秋にも下関国際と乱打戦を展開している宇部鴻城が下関国際を阻む可能性が高いと踏み、夏前の高校野球雑誌にもそういった内容を書いた。組み合わせ抽選の結果、ノーシードの宇部鴻城が初戦を突破すれば、シード校の下関国際の初戦である2回戦で激突する組み合わせに決まった。

21年7月18日、試合会場の下関球場には、多くの高校野球ファンが詰めかけた。座席を確保できず、立ち見になる観客が出るほどだった。注目の一戦となった下関国際対宇部鴻城は、両チーム合わせて、3本の本塁打を含む14本の長打が飛び交う大乱打戦になった。最終的には宇部鴻城が11対6で勝利した。3回に三塁手の賀谷の二塁送球が暴投になるなど、懸念していた守備のミスが出る形での敗戦だった。試合後、先発の古賀と主将だった賀谷は、まるで最後の夏が終わったかのように号泣。優勝候補としてプレッシャーを感じながら戦う難しさ、一発勝負の夏の怖さを実感しているようだった。こうして、〝勝負の世代〟が、いよいよ最終学年を迎えることになる。

21年のセンバツに続き夏の山口大会でも投手陣で一番の悔しさを味わったのは古賀だっ

た。「公式戦で苦しい場面を経験した投手でないと、3年の夏は勝負できない」と考える坂原にとって、このチームの〝真のエース〟になるのは古賀と確信した瞬間でもあった。

21年秋の山口大会は、一切の隙のない勝ち上がりだった。初戦となった2回戦こそ、一時2点のビハインドを背負ったものの、以降は1度もリードを許さない圧巻の戦いぶりを見せた。準々決勝から決勝までの3試合では、合計でわずか1失点しか許さず、試合を見ていた山口県内のある指導者は「これ、県内で負けるイメージが湧かないですね」と半ば投げやりにこぼしていたことを思い出す。

この秋の中国大会は山口県での開催だった。地元で開催される中国大会で、4度跳ね返されてきた決勝の壁を乗り越え、初の中国王座を手にし、各地区の秋のチャンピオンが集う明治神宮大会初出場と2年連続のセンバツ出場を成し遂げる。周囲を含め、多くの人がそう信じて疑わない実力だった。

春の決勝に続き、今度は初戦での対戦となった岡山3位出場の創志学園戦の対策を練り、主力の調整も順調に進む中、ある事件が起きた。

中国大会の開幕前日、試合に備えベンチ入りメンバーは軽めの調整で練習を終えた。グラウンドでは、ベンチ外の選手たちが練習を続ける中、正右翼手の水安勇と染川歓多が寮の自室でカードゲームの「ＵＮＯ」に興じていたのだ。一見、微笑ましい光景に思えるが、下関国際では、トランプなどのカードゲーム類の持ち込みは禁止されている。この行為は重大な部則違反であり、発覚後に緊急のミーティングが開かれた。坂原は必要最低限の注意にとどめ、席を外して選手間のミーティングに切り替えたが、この時点で「秋は無理だ」と悟っていた。

「自分の経験上、大会前や期間中に、こういった選手の規則違反が起こったときは絶対勝てません。この時点で（中国大会で上位進出しての）センバツ出場は厳しいと覚悟していました」

坂原が席を外し、監督室に向かうと、「オレはもう、きつい練習をして負けるのが嫌なんだ！」という声が聞こえた。赤瀬の声だった。赤瀬が当時を振り返る。

「試合に出るメンバーが毎日の練習できつい思いをしているから、絶対負けたくない思いは当然ありました。それと、控えのメンバーたちは、レギュラーと同じように努力していても出場機会が限られていて、自分たちよりも、もっときつい思いをしている。それなのに、メンバーがいいかげんなことをして、勝てなくなってしまうのが一番嫌でした。なので、思わず大きい声が出たんだと思います」

チームが大きく揺らぎながら開幕した中国大会では、岡山３位の創志学園との初戦を８

対0の7回コールドで快勝した。だが、準々決勝で広島3位での出場だった広陵に、0対3で敗れた。9回表に先頭の仲井が左前打を放つまで、広陵のエース右腕・森山陽一朗に無安打に抑えられる衝撃的な内容だった。坂原は試合後、「投手陣の3失点は想定内でしたが、ここまで抑えられるとは……」とうつむいた。坂原が覚悟していた以上の完敗で、2年連続のセンバツ出場の道は途絶えた。

捲土重来を期す冬は、これまでと方針を大きく変えた。今までは、早朝から練習量を確保することが部の常識だったが、フィジカル強化に必要な睡眠時間の確保のため朝の練習を廃止した。坂原が当時の胸中を明かす。

「20年からアスリートコースができて、以前よりも放課後の練習時間を確保できるようになっていました。21年のセンバツ前の冬は『甲子園は簡単に行ける場所と思ってほしくない』という思いもあって、あえて厳しい朝練習を取り入れましたが、休養面を考えても日頃の朝練習に関しては考え直す時期が来ているとは感じていたんです。ですが、本音を言うと今までやっていることを変えることを、監督の自分が怖がっていました。15年夏の山口大会決勝で負けて、長打力のある打者の必要性に気づいたのもそうで、自分は痛い思いをしないと思い切れないんですよね。本当はそうなる前に手を打たないといけないんですが」

前年のオフから、坂原の就任後初めて外部のトレーニング専門の指導者と契約したこともあり、夕食後に取り組むウエートトレーニングで、選手たちの体は変わっていった。特に古賀は大きくなりつつも、練習に訪れたスカウトが坂原に、「あれ？　古賀くん、どこにいます？」と尋ねるほど、締まりのある体に進化した。

冬が明け、22年シーズンの始まりが近づくと、山下が1年秋以来の主将に復帰した。もともと「最後は山下をキャプテンに戻す」というのが坂原のプランだったが、1度主将を離れたことで、「賀谷が周囲に注意する姿を見て、チームメイトへの伝え方や物の見方を学べた」と、山下のキャプテンシーが進化し、チームは理想形に近づいていった。

22年春の山口大会は決勝で宇部工に敗れたが、シード権を確保し、万全に近い形で夏を迎えた。

夏直前、準々決勝以降の会場となる西京スタジアムを借りて実施した下関国際の紅白戦を見た際、坂原は「優勝できるだけの準備はできたと思うんですけどね……」と語った。その時の、多くは語らずとも自信を感じさせる横顔が忘れられない。

22年夏は3回戦で、前年に敗れている宇部鴻城と再び戦った。大会初先発の古賀が、投げては完投、攻撃では自ら本塁打を放つという大立ち回りを見せ、5対3で雪辱を果たした。準々決勝の岩国商戦は、仲井が7回を3安打7奪三振にまとめ、打線も初回に先制、6、

7回に計9点を奪い、10対0と圧倒した。

試合後、他の報道陣とともに、坂原と選手たちが球場外に出てくるのを待っていると、まず坂原が姿を現した。坂原が報道陣に、「選手、誰に聞きますか?」と投げかけ、各々が目当ての選手の名前を述べた。その後、主将の山下を先頭に続々と選手が姿を現したのだが、古賀の姿が気になった。

前述の通り、この試合は仲井が7回を完投したのだが、登板のなかった古賀が左肩に登板後のケアであるアイシングをしていたのだ。思わず、坂原に「古賀くん、何回くらいから準備していたんですか?」と投げかけた。

「初回から少しだけ準備させていました。仲井に何かアクシデントがあってもいけないので」

表情を変えず、さらりと答えた坂原だが、内心はヒヤヒヤしていたという。この時点で古賀が投球の際に軸足となる左足首を負傷していたからだ。

坂原が古賀の異変に気付いたのは試合序盤だった。ブルペンで調整した後は、ブルペン捕手を務める背番号12の井藤陸斗と一緒にベンチに戻るのだが、この試合は井藤が先に戻っていた。そこにまず違和感を覚え、古賀がスパイクを脱いだ状態で戻ってきたことも気になった。

「もしかして……」。試合が終わり、古賀を問いただすと、試合前のシートノックの補助を務めているときに左足首を捻《ひね》ったと白状した。負傷を叱責されることを恐れた古賀は、ブルペン投球で増した痛みを少しでも和らげようと、自力で患部にテーピングを施した。この応急処置をブルペンでしたため、井藤と別々にベンチに戻ってきたのだ。

夏の戦いはこれから、準決勝、決勝という佳境を迎える。左のエースである古賀が投げられないのは当然痛いが、こうなってしまったのだから仕方がない。防ぐべきは、他校に「古賀不在」の窮状《きゅうじょう》を知られることだった。「古賀の投入がある」と警戒している状況と、「仲井、松尾の2人を攻略すればいい」と思われるのでは、相手の攻め方が変わってくるし、気持ちの余裕にも大きな差が出るからだ。

そのため、坂原は何としてでも、古賀の状態について悟られないようにしなければならなかった。幸い、この日の仲井の投球は冴えており、「好調の仲井を続投させた」ことに疑問を感じる者はいなかった。取材を終え、坂原は選手を引き連れて足早にバスに乗り込むと、溜まっていたものを吐き出した。

「古賀あ！　お前、何やっとるんだ！」

バスの扉が閉まるか閉まらないかのタイミングの咆哮《ほうこう》で、近くにいた者には聞こえていたかもしれない。それでも沸き立つ感情を抑えきれなかった。プレー外、それもシートノックの補助で故障したことだけでも頭を抱えそうになるが、それ以上に深刻だったのが、患部の状態だった。足首から脛《すね》にかけて、「ほぼ太さが変わらないくらい」（坂原）に腫れ上がっていたのだ。本格的な治療といかなくとも、負傷してすぐ氷で冷やすことができていればまだ違っただろう。7回コールドで試合を終えたとはいえ、試合時間は2時間4分。約2時間、ほぼ処置ができなかったため最悪とも言える状況だった。

坂原の怒りの矛先は、古賀だけでなくブルペン捕手の井藤にも向いた。故障について井藤にも問いただすと、「わかっていたんですが、古賀に『監督に言わないでくれ』と止められて……」と白状。坂原は「ブルペンキャッチャー、クビじゃ！」と吠えた。

近年の高校野球では、選手の疲労やコンディションに配慮して、各種大会の終盤でも、かつてほど連戦を強いられるわけではない。この夏の山口大会も、準々決勝から決勝までは、都度1日の休養日が設けられる。準決勝前日の25日に、契約しているトレーナーを通じて超音波治療器を取り寄せ、古賀の患部に当てると見事に腫れは引いた。だが、違和感は拭えず、「甲子園には間に合うが、山口大会中の復帰は極めて難しい」状況だった。エースを欠き、仲井と松尾で踏ん張らなければならない。この状況で対戦するのが、無名だった坂原を見出した山崎康浩が率いる南陽工だった。

11年ぶりの戦い

山崎と坂原が出会った07年の8月以降、南陽工と下関国際の公式戦での対戦は、11年夏の準々決勝のみだ。この時は、下関国際が5対1で勝利し、初の県4強入りを果たしている。その後は1度練習試合で戦ったが、公式戦では南陽工と下関国際の両チームが勝ち進んだ年にも、不思議と対戦がなかった。

22年夏の南陽工はダークホースに近い存在だった。前年の1年生大会で優勝した2年生たちの実力は県内でも知られていたが、春は3回戦で光に15対5の5回コールド負けを喫しており、誤解を恐れずに言えば、「今年ではなく来年」のチームだった。戦前の予想は圧倒的に下関国際優勢。古賀の状況を差し引いても下関国際の優位は揺るがないはずだった。だが、試合は、「絶対もつれる展開になると思っていた」という坂原の覚悟通りの展開となった。

初回の下関国際の攻撃で飛び出した水安勇の2点本塁打で下関国際が先制した後は、終盤まで試合が膠着した。次に試合を動かしたのは南陽工だった。8回表に失策と安打で無死一、三塁のチャンスを作り、犠牲フライで1点差に詰め寄った。

その裏、橋爪成《なる》、赤瀬の連打を起点に下関国際が2点を追加し、主導権を握り直したかに思えたが、9回表に南陽工が意地を見せる。

先頭から4連打が飛び出し、2点差に詰め寄り、なおも無死満塁のチャンスが続いた。ここで坂原は、この試合3度目の守備のタイムを取った。坂原から守備位置の確認の伝令を託された控え捕手の井藤がマウンドに駆け寄ったが、降板を打診されると勘違いした仲井は「監督に『オレが最後まで投げる』と伝えてくれ」と井藤に返した。

伝令直後の打者を一塁ゴロに打ち取り、本塁でアウトにして1死満塁。続く9番打者を空振り三振に斬り、2死までこぎつけた。だが、1番打者の打球を仲井に代わって遊撃を守っていた松本竜之介が弾き、三塁走者が生還した。南陽工が1点差に詰め寄り、球場は異様な空気に包まれた。しかし、最後は仲井が2番打者から空振り三振を奪い、4対3で下関国際が辛勝した。

両指揮官を深く知る周南スポーツの高瀬英明は、下関国際の応援席に陣取り戦況を見つめていた。実は、南陽工の2年生で正捕手を務めていたのは高瀬の長男・大志である。だが、この試合は父親ではなく、下関国際を支えてきた周南スポーツ社長として、身を置く位置を決めた。高瀬が試合終盤の球場の雰囲気を回想する。

「山口でダントツの優勝候補だった国際が南陽工業に負けるんじゃないか、すごい逆転劇が見られるんじゃないかという観客の人たちの期待と言ったらいいのかな。そんな雰囲気でした」

試合後、坂原は報道陣から「なぜ古賀を投げさせなかったのか?」と問われた。あわや逆転の状況まで追い込まれたのだから、余計に追及された。対して坂原は、「南陽工業さんは、小技と足を使ってくるチームなので、フィールディングのいい仲井の方が合うかと思って」と返した。それに対して一部の記者は「足を使うのなら、左投手の古賀くんの方がいいのではないでしょうか?」と応戦する。ここでも坂原は表情を変えず、「いえ、意外と左投手の方が一塁ランナーはスタートを切りやすいものですよ」と返し、事なきを得た。

再び1日の休養日を挟み、28日に宇部工との決勝が行われた。先発は準々決勝から3戦連続となる仲井だった。ここまで来るとさすがに「古賀に何らかのアクシデントがあったのでは」という空気が報道陣の間にも立ち始めたが、下関国際ベンチとしては、こうするしか手がなかった。

山口の高校野球における「宇部」と言えば、全国的には春夏19回の甲子園出場を誇る宇部商が根強い知名度を誇るが、近年の県内での戦いぶりでは宇部工が上回っていると言っても過言ではない。山口大会では18年春に優勝し、21年秋も4強に食い込み、地元開催の中国大会に出場。21年のプロ野球のドラフト会議では、遊撃手の小森航大郎がヤクルトから4位指名を受けた。22年春の決勝では、下関国際を下して4年ぶりの優勝に輝いており、まさに上り調子のチームだった。

下関国際が手負いの状態で臨んだ決勝は、5回までは両チーム無得点。先手を取ったのは下関国際だった。6回1死一、三塁から仲井の犠牲フライで先制した。だが、その直後の5回裏に2本の長打に守備のミスが絡み3失点。一気に逆転を許した。7回に水安の2点適時打で下関国際が追いついたが、その直後に宇部工も四球で得た走者を三塁に進めて、犠牲フライで4対3と勝ち越した。

この時点で残された攻防は2イニングずつ。準決勝同様、優勝候補本命が敗れる展開が観客の脳裏をかすめる中、8回に下関国際打線が本領を発揮した。打者13人を送り込み、3長打を含む5安打4四死球を集め、一挙7得点。試合を決定づけ、守っても8、9回を仲井が無失点に抑え、10対4で4年ぶりに夏の頂点に立った。

苦しい展開ではあったが、坂原は「負けるはずがない」という確信めいた感情も抱いていた。

「3年生たちは、下関国際への進学を決めたときから『18年夏の甲子園8強を超える』と言い続けてきて、入寮した日から常に甲子園で勝つことをイメージして生活を送ってきました。リードしているときも負けているときも、ずっと甲子園を意識してやってきた。でも、山口大会の対戦相手の中には、自分たちからリードを奪って、『勝てるかもしれない』となったときに、初めて甲子園を意識したんだろうなと感じた場面もありました。自分たちは練習、寮生活を含めて、甲子園に行くためにこれだけやってきたんだと言える時間を過ごしてきましたし、監督の自分も寮で選手たちとともに生活して、誰よりも向き合ってきた自負がある。『山口県内で下関国際以上に本気で甲子園を目指してきたチームはない』と思えるようになっていました」

坂原と選手は、それを結果で示した。センバツで突き付けられた全国の壁、1年前の夏の初戦敗退、秋の中国大会での1安打完封負け。敗れた悔しさを乗り越え、目指し続けてきた〝甲子園8強超え〟に挑戦できるスタートラインに立った。

甲子園は、3年生で

山口大会のベンチ入り選手の数は20人。甲子園ではそれが18人になる（23年夏の甲子園から20人に増員予定）。山口大会そのままのメンバーで臨むことはできず、18人のメンバーを考え直す必要がある。山口大会では、最速１４０キロを誇る方ヶ部《ほうかべ》諒久《りく》、パンチ力のある左打者の喜岡琉哉の2年生2人が背番号19、20でベンチ入りしていたが、坂原はこの2人を繰り上げて甲子園のベンチに入れるつもりはなかった。「この夏はベンチ入りをオール3年生にして戦う」と決めていたからだ。

「本当は県大会からやりたかったんですが、日程やアクシデントで投手が足りなくなる事態に備えて方ヶ部を入れました。でも、3年生たちは、技術、経験値の面ではかつてないくらいに仕上げることができました。でも、勝つために、あと一つ、何かプラスアルファの力がほしかった。何があるかを考えたとき、甲子園ベスト8を超えるために下関に来た彼らの学年の連帯感じゃないかと。それを前面に出すために、ベンチ入りを全員3年生にしました」

ベンチ入りメンバーを3年生で固めるのは、坂原にとって初めてのことだった。就任当初は人数が少ないため物理的に不可能で、部員数が増加してからも、横一線での競争、チームとしての歴史を紡いでいくために、先輩が戦う姿を間近で見せようと、必ず下級生をメンバーに入れてきた。

当然、秋以降を考えるならば、方ヶ部、夏は直前の登録変更でベンチを外れたが、入学当初から常にメンバー入りをしていた松谷徹平らの2年生はベンチに入れてもよかっただろう。だが、それ以上に甲子園8強を超えるための〝何か〟がほしかった。そして、超えるならこのチーム、3年生たちだとも思っていた。

勝負の22年夏の甲子園初戦は、大会6日目の第4試合、宮崎代表の富島に決まった。試合の前日、大会5日目の第2試合までは1回戦から登場する日程となるが、下関国際の引いた大会6日目以降は、優勝まで戦う試合が1試合少なくて済む2回戦登場の組み合わせとなった。この日程、トーナメント表で下関国際の周辺に入ったチームを見て、南陽工の山崎は率直に「〝試せる〟な」と感じたという。山崎が言う。

「甲子園で下関国際が勝ち上がれるかどうかのポイントは、古賀くんの復調と使い方だと思っていました。初戦と3回戦の相手を見たときに、リスクは伴うけど戦いの中で古賀くんの起用を試せる相手ではある。それを見て、これはひょっとしたら上がってくるなと。結果を出したとき、『運がよかったから』とか『組み合わせに恵まれただけ』と言う人もいるけれど、運は〝運ぶもの〟ですからね。運んでくるということは、実力があるということ。これも下関国際の力ですよ」

山崎の言う〝試し〟によって、下関国際には新たな戦い方が生まれた。それが、先発の古賀から仲井につなぐ〝勝利の方程式〟だった。

本来なら古賀、仲井を交互に先発させるのが、18年夏の教訓を踏まえた坂原の描いていた青写真だった。だが、故障明けの古賀の調子は、甲子園に入ってからも長足には上向かなかった。夏の山口大会序盤に自己最速の147キロを下関球場のスピードガンで計測したが、復帰した甲子園では130キロ台後半、出ても140キロちょうどが精いっぱいだった。そこで生まれたのが、古賀が打順二回り程度まで試合を作り、遊撃から仲井が救援登板する継投だった。

苦肉の策に近かったが、この継投が甲子園では冴えわたることになる。特に仲井は先発するよりも短いイニングに力をぶつけることが性に合ったようで、140キロ台後半の直球を連発するなど、甲子園で一皮むけるきっかけとなった。

「毎年、夏を前に選手たちに『夏の大会でベストなプレーができると思う？』と聞くと、ほとんどの選手が手を挙げます。理由を聞くと、大体『これだけ練習をしてきたからです』と答える。それを聞くたびに、『いやいや、何言ってんだよ』と言うんです。公式戦、特に夏は思い通りに行くことの方が少ない。だから、『夏は〝悲惨〟だよ』と、よく伝えています。ベストなプレーなんてそうそうできない中で、どれだけベターなプレーを選択できるかが夏は重要になってくる。そういった意味では、古賀の故障までは夏に起こり得ることだと思うんですけど、それがきっかけで古賀から仲井への継投が完成するんだから、やっぱり夏は思っていた通りにならないんだと感じますね。夏が始まるまでは、古賀から仲井につなぐなんて、考えてもいなかったですから」

悔しい敗戦から成長する下関国際。2022年夏の活躍も、前年秋の敗戦から這い上がった結果だ。

第九章

大阪桐蔭、撃破

嬉しい誤算

結果がわかっていたにもかかわらず、組み合わせが決定した瞬間、観衆のどよめきが甲子園を包んだ。

2022年8月16日。「夏の甲子園」と呼ばれる第104回全国高等学校野球選手権大会は、佳境を迎えようとしていた。3回戦最後の4試合が行われたこの日、第4試合で大阪代表の大阪桐蔭が4対0で東東京代表の二松学舎大付を下し、8強最後の椅子に座った。

8月6日に実施された大会開幕前の組み合わせ抽選の時点で、3回戦までのトーナメント表は確定するが、準々決勝は再抽選の上、対戦カードが決定される。この日の第3試合で勝利した福島代表の聖光学院がくじを引くと、18日に予定されている準々決勝第4試合、一足先に収まっていた熊本代表の九州学院との対戦が確定。これで準々決勝4試合中3試合の対戦カードが決定した。

下関国際は3度目の夏の甲子園を順調に勝ち上がっていた。初戦となった2回戦は宮崎代表の富島、3回戦は島根代表の浜田を相手に危なげなく勝利。投手陣は古賀―仲井を基本線とする継投が機能。打線も力強いバッティングを披露した。そうして迎えた準々決勝の抽選。浜田に勝利して「第3試合」のクジを引いていた下関国際の対戦相手だけが、ぽっかりと空いていた。第4試合が始まった時点で、この試合の勝者と下関国際が準々決勝で対戦することは確定していたことになる。だが、大阪桐蔭が勝利し、改めて「準々決勝第3試合・大阪桐蔭−下関国際」の対戦カードが甲子園球場のバックスクリーンに映しだされると、観衆はどよめき、沸いた。圧巻の戦いぶりでこの年のセンバツを制し、3度目の春夏連覇を狙う王者が次はどんな形で強さを見せつけるのか──。そこへの期待が染み出ているようだった。

第1試合を戦い終え、宿舎に戻っていた坂原秀尚は、組み合わせ決定の報を聞くと「やっぱり、そうなるか」と、予感が確信に変わった感覚を覚えていた。18年夏にたどり着いた「甲子園8強」を超えようと思ったとき、その壁となるのは大阪桐蔭に違いない。言い換えれば、大阪桐蔭を倒せるチームでなければ、8強を超えることはできない。チームを鍛えれば鍛えるほど、その思いが強くなった。

大阪桐蔭と下関国際は、18年に福井県で開催された国体の初戦で対戦している。この試合は、2回に大阪桐蔭の先頭・藤原恭大が、下関国際のエース右腕・鶴田克樹から痛烈な右前打を放ち、続く根尾昂が左中間スタンドに2点本塁打を叩き込んだ。結局、この2点を根尾、柿木蓮のリレーで守り切られ、0対2で敗れた。直接対決は、練習試合を含めてもこの一戦のみだが、坂原と大阪桐蔭の接点は、その前後にも何度かあった。

1度目は、下関国際が甲子園に初出場した17年夏。コロナ禍以前の大会では、各校30分程度、甲子園球場を使っての練習が割り当てられていた。この大会で、下関国際の後に甲子園練習を行ったのが、この年のセンバツ優勝校である大阪桐蔭だった。初出場で、坂原が「何をしたらいいのかわからなかった」状態で始まった下関国際の甲子園練習は、気がつくと30分が経っているような慌《あわ》ただしいものだったが、甲子園常連の大阪桐蔭は違った。選手たちが勝手知ったる様子でグラウンドに散り、さっきまで自分たちが居慣れなかった甲子園を、まるで自分の庭かのように駆け回る。練習では、高い能力を持つ集団が至極丁寧に基本を確認する。技術の高さはさることながら、隙《すき》のない所作に「どうやったらここまでのチームを作れるのか。このチームを倒すことができるのか」と、圧倒されるほかなかった。

前年夏と同じく両校そろっての出場となった、18年春のセンバツでも、わずかながら接点があった。下関国際は、大会4日目にあたる3月26日の第1試合で、長崎の創成館と初戦を戦った。1対3で敗れ球場を引き上げる際、入れ替わりで一塁側ベンチに入ってきたのが、第2試合を戦う大阪桐蔭だった。監督の西谷浩一と挨拶を交わそうと思った坂原だったが、開幕前の抽選会で見た柔和な雰囲気とは真逆のオーラを放つ西谷に気圧《けお》された。

「他の人と目が合うことで、集中を途切れさせたくないのか、視線が上を向いていて、少し遠くを見ているようでした。次の試合に向けて神経を研ぎ澄ませていて、どこか〝殺気〟に近い空気が漂っている。選手たちも浮わついた様子は全くなくて、全員が目の前の試合に集中して、勝利だけを見ている雰囲気。日本一になるチームは、ここまでやるものなのかと思わされました」

大阪桐蔭と初戦を戦った佐賀の伊万里は、地理的なハンディキャップなど、困難を克服しながら野球に打ち込み、他校の模範となるとされるチームを選出する、21世紀枠での出場校だった。各地区大会を勝ち抜いてきた一般枠での出場校よりも戦績、戦力が劣るケースがほとんどで、藤原、根尾らの好選手を擁し、「世代最強」との覚えがめでたかった大阪桐蔭との力の差は大きかった。それにもかかわらず、一切の隙と油断を感じさせない雰囲気は、坂原に大きな衝撃を与えた。

この記憶と、18年夏に甲子園8強まで勝ち進み、日本一までの残り3勝の険しさを実感してからは、甲子園8強を超える、日本一になるには、「大阪桐蔭を倒せるチームにならなければならない」と選手に説き続けてきた。その中で巡ってきた甲子園での初対決だった。

対戦が決まると、主将の山下世虎《せとら》ら選手たちは真っ先に大阪桐蔭の分析に取り掛かろうとしたが、坂原はこれを咎《とが》めた。

「何のために今までやってきたのか。ベスト8を超えるためにやってきたことをもう1度思い出そう」

18年夏に念願の甲子園初勝利を挙げ、最終的に8強という結果を残した下関国際。「この成績を一緒に超える」ために入学してきたのがこの3年生たちである。1学年上の世代も中学時代に下関国際の甲子園8強進出を見てはいるが、中学生の多くは3年夏を前に進路の方向性を大方定めている。そういった意味では、甲子園での躍進に心動かされ、その成績を超えようと下関国際に集った初めての年代が、山下らの世代だったと言える。山下も、遊撃手兼投手の仲井慎も、ベンチ入り唯一の山口県内出身者の水安勇も、下関国際に進んだ理由を問われると、一様に「夏の甲子園のベスト8を見て、先輩たちを超えたいと思ったから」と答えた。そして先輩たちの成績に並び、たどり着いた準々決勝を「入寮したときから、ずっと目指してきた場所」と表現した。

この大会、下関国際の選手たちは、2年半の歩みを尋ねるような取材に、何度も「入学」ではなく、「入寮したときから」という表現を用いた。山下だけは1度「入学、入寮したときから」という表現を使ったが、それ以外の選手は例外なく「入寮したときから」と述べた。坂原が補足する。

「入学は4月1日ですが、山下たち3年生の高校野球は入寮日の3月25日からスタートしています。なので、入学ではなく、『入寮したときから』という表現を、僕もよく使っていました」

それぞれの故郷から下関市にやってきて、グラウンドのバックネット後方にある「立志貫道館」に入寮。その日から、「甲子園8強を超える、日本一になる」と言い続け、一心不乱に野球に取り組んできた。

主題は大阪桐蔭を倒すことでなく、「先輩たちが成し遂げた甲子園8強を超えること」。坂原は、そこを選手たちに再確認させたかった。山下が言う。

「対戦が決まった後のミーティングから、『大阪桐蔭と戦う』よりも、『甲子園8強を超えるために、どうするか』に立ち返れました。選手全員が、その目標に向けたと思います」

1日の休養日を挟み、迎えた8月18日の14時27分。3万4000人の観客が詰めかけた甲子園球場に、試合開始のサイレンが響いた。

試合開始前、下関国際にとって、二つの〝嬉しい誤算〟があった。

一つ目は山下が先攻、後攻を決めるジャンケンに勝ち、坂原が「格上に挑むときは、取っておきたい」と狙っていた先攻を手中に収めたことだ。後攻の場合、投手は試合開始すぐにマウンドに上がらなければならない。守る側として試合の入りが難しく、攻撃側にとっては、投手の不安定な立ち上がりを攻めやすい。こういった理由から、坂原は大一番での先攻を好んでいた。類まれなキャプテンシーで1年夏に主将を命じられた山下だが、「どうにもジャンケンが強くない」（坂原）ことが玉に瑕《きず》だった。現在、コーチとして坂原の右腕となっている、かつての主将・植野翔仁も、翌年の甲子園8強進出時の主将・濱松晴天も、ジャンケンにおいては無類の強さを誇り、試合開始時点でのアドバンテージを生み出していた。植野に関しては、山口大会から通じて、3年夏のジャンケンを無敗で切り抜けて見せた。

22年夏の山下のジャンケン戦歴は、山下曰く「山口大会がちょうど勝ち負け半々」。甲子園に関しては、初戦となった2回戦、続く3回戦とも相手主将に敗れている。

オーダー用紙を交換し、大阪桐蔭の主将・星子天真と向き合って出した山下の手はチョキ。「出す手を決めることはしていなくて、基本的に直感で出す」という山下の手に対して、星子が出したのは、パー。大会初勝利を収め、下関国際が欲しかった先攻を無事手にした。余談だが、山下は準決勝、決勝のジャンケンには連敗。これが最初で最後の甲子園でのジャンケン勝利になった。

二つ目は大阪桐蔭の先発投手。優勝したセンバツ、3回戦までの夏の戦いでも、大阪桐蔭は甲子園で最速150キロ右腕の川原嗣貴《しき》、140キロ台後半の直球、スライダーなど精度の高い変化球を併せ持ち、2年生ながら「大会ナンバーワン左腕」の呼び声が高い前田悠伍を交互に先発させていた。初戦の北北海道代表の旭川大高戦は川原、2回戦で対戦した埼玉代表の聖望学園相手には前田が先発のマウンドに立った。3回戦の二松学舎大付戦は川原が先発完投。準々決勝の先発は前田ではないか、というのが大方の予想で、坂原も「前田くんかな、と思っていた」。

だが、その予想に反して、オーダー用紙には「9番・投手・別所孝亮《こうすけ》」と記入されていた。夏は背番号10で実質3番手の扱いとはいえ、別所もセンバツでエースナンバーを背負い、夏の大阪大会で自己最速を150キロに更新した好投手だ。手垢《てあか》のついた表現になるが、典型的な「他校なら文句なしでエース」の本格派だった。だが、坂原はこの別所先発もプラスに捉えた。

「初戦（2回戦）で、富島の日高（暖己《あつみ》）くんを、ウチの選手があまり嫌がっている感じがなかったので。それを見て、右投手の速球なら、ある程度はついていけるのかな……と思ってはいました」

下関国際は2回戦で、4番・賀谷勇斗が長打を含む猛打賞、6番・赤瀬健心は、2長打を含む4安打を放つなど、秋のドラフト会議でオリックスから5位指名を受ける最速148キロ右腕に13安打を見舞った。この経験もあり、左の前田をぶつけられるよりは……と、坂原と下関国際ナインは感じたのだ。

試合前に2つのアドバンテージを手にした状態で、決戦の火ぶたが切られた。

「声を集めて」奪ったトリプルプレー

初回、いきなり試合が動いた。1回裏、下関国際先発の古賀康誠が、大阪桐蔭の1番・伊藤櫂人に9球を投じさせられての四球を献上。この走者を犠打で二塁に進められると、3番に座るプロ注目の右の強打者・松尾汐恩《しおん》に左翼線二塁打、4番・丸山一喜《いっき》に左中間二塁打を浴び、2点を先制された。

よどみのない速攻に、詰めかけた観客の多くが、早くもセンバツ王者の勝利を予想していた。

古賀が立ち上がりに苦しむ最中、坂原はバインダーに挟んだメモ用紙に「逆方向?」と記していた。坂原が補足する。

「(左打者の)4番の丸山くんが引っ張りにかからず、逆方向に打ってきたので、『あれ?こっち狙いなのか』と思って、スコアの横に『逆方向?』と書きました。事前の分析では、少し強引にでも引っ張りにくるのかなと思っていたので、その印象とのズレを整理しようと思ってのメモでした」

試合中に何やらメモを取る姿を度々テレビ中継のカメラにも映された坂原だが、5打席目まで打撃結果を記入できるフォーマットのスコアブックを自作、印刷した用紙をバインダーに挟み込み、試合に臨むようにしている。メモを取るのは、「悪い結果が出たとき、ピンチを迎えたときにも変わらず用紙に記入するので、一旦リセットというか、冷静になれる。試合中に気になったことを振り返るのにも役に立つ」との理由からだ。

先制を許した下関国際だったが、3回表に先頭の9番・橋爪成《なる》が長打で出塁し、この試合から打順を1番に上げた赤瀬の内野ゴロで三塁に進むと、続く松本竜之介の左前打で1点を返した。さらに5回表には、先頭の古賀が別所に11球を投じさせて四球をもぎ取り、橋爪の犠打と赤瀬の進塁打でしぶとく三塁に進めると、3回に続いて松本の適時打が飛び出し、2対2の同点に追いついた。3番・仲井も左前打で続き、左打者の賀谷を迎える場面で、大阪桐蔭ベンチが動き、ブルペンから前田がマウンドへと駆け出した。登板間もない前田と対戦した賀谷はカウント2―2から5球目を打って一塁ゴロ。ひとまず前田が火消しに成功した。

2年生左腕・前田の登板に刺激されたように、その裏の攻撃で大阪桐蔭打線がつながる。1死から2番・谷口勇人の左前打と松尾の四球で得点圏に走者を進められ、2死後、5番の海老根優大が放った一塁への飛球を賀谷が落球。賀谷本人は「焦ってしまった」と悔いる手痛いミスだった。追いついた直後にすぐさま2対3とリードを広げられたが、坂原は冷静にスコアとメモを取り続け、終盤に備えた。大阪桐蔭の左打者の谷口が、初回の丸山と同じく逆方向に打ってきたことで、左打者陣が古賀に対して逆方向狙いと確信した。同時に、継投の必要性が迫っていることも感じつつあった。

6回表の攻撃では、2死から7番の森凛琥《りく》がストレートの四球で出塁し、古賀、橋爪の連打で再び3対3の同点に追い付く。だが、その裏に古賀が先頭の大前圭右に四球を与え、星子の犠打と前田の二ゴロで三進を許すと、2番・谷口に前の打席と同じく左前に運ばれ、3対4と3度目のリードを奪われた。続く松尾を歩かせたところで、今度は坂原が動く。古賀の球威とここまでの左打者陣の対応を勘案し、遊撃手の仲井をリリーフとしてマウンドに送った。仲井は丸山を空振り三振に仕留め、さらなる失点を防いだ。

7回表の攻撃を無得点で終えると、その裏にこの試合を語る上で欠かせないピンチとビッグプレーがやってくる。

7回裏の大阪桐蔭の攻撃、先頭の海老根に三遊間を破られ、6番・田井志門の投手前方への犠打に仲井が猛チャージを掛け、二塁封殺を試みるも、勢いよく飛び出した捕手の橋爪と〝お見合い〟する形となり、両者とも打球が手につかず。痛恨の失策（記録は犠打成功と失策）で、無死一、二塁のピンチを迎えた。しぶとく大阪桐蔭にくらいついた試合展開が瓦解しかねない状況だが、勝算もあった。無死、もしくは1死一、二塁の場面を想定した投内連携は「やらない日はなかったし、納得いかない日は投内連携だけで数時間費やすこともあった」（坂原）。多くの時間を割き、自信を持っていた状況だった。下関国際サイドの狙いは、「投手から三塁方向に打球を転がさせて、三塁で封殺」。投手は打者の内角を攻めることで強めの犠打を誘い、三塁への転送をイメージした。大阪桐蔭の7番・大前は初球からバットを寝かせる犠打の構え。仲井、橋爪のバッテリーも警戒を強めながら攻め、カウント2－0からの3球目にビッグプレーが生まれた。

大阪桐蔭は甲子園出場ごとに、野球部同様全国区の実力を誇るブラスバンド部が新曲を携えて甲子園に乗り込む。22年の新曲の一つが、ＮＨＫの大河ドラマ『鎌倉殿の13人』のメインテーマだった。

その新曲が田井の打席から絶え間なく鳴り響く中、仲井と橋爪のバッテリーは警戒しながら攻め、大阪桐蔭の大前に対してカウント2－0。犠打の構えを見せる大前に対し、一塁手の賀谷と、仲井の登板と同時に三塁手で途中出場していた山下が、緩い打球を三塁でアウトにするべく猛然と前方にダッシュする。坂原は「西谷監督に質問したわけではないので憶測ですが」と前置きした上で、こう推察する。

「おそらくですが、フィールディングのいい仲井が登板していたのと、内野陣のチャージを見て、通常のバントからバントエンドランに変えられたのかなと」

仲井が「ストライクを狙ったら引っ掛けてしまった」という外の直球を、大前がバットで追いかけるように当てると、打球はマウンドの一塁寄りに上がる小飛球になった。仲井は当初の狙い通り三塁方向に1度踏み出したが、遊撃手仕様の身のこなしで素早く体を切り返し、飛球を捕球。その後、野手陣からの「ふたつ！」の声を聞くやいなや、迷いなく二塁ベースに入っていた遊撃手の松本に転送。これで2死を奪うと、とび出した一塁走者を殺そうと、松本から一塁カバーに入っていた二塁手の森へとボールが渡り、夏は9年ぶり、大会通算9度目の三重殺が完成した。「現役時代も含めて、人生初のトリプルプレー」と苦笑しながら、坂原がビッグプレーを振り返る。

「7回でうちが1点ビハインド。次の1点を取られたら試合が決まる場面で、三塁進塁は何としてでも防ぎたい。無死一、二塁からバントされて1死二、三塁になるのも、三塁封殺に失敗して無死満塁になるのも状況としては大きくは変わりません。なので、フィルダースチョイス（野手選択）覚悟で、三塁封殺を狙わせました。三塁でアウトにするためには、投手が内角付近に投げて、三塁方向に強めの打球を転がさせるのがベスト。うちでは、この打球を『チャンスボール』と呼んでいます。トリプルプレーの場面では、仲井が少し引っ掛けて外のボールになりましたけど、あそこで1度三塁方向に走りながらも仲井が捕球して、周りの『二つ！』の声で二塁に転送した。よく『三つ！　三つ！』という風に指示を繰り返すチームがありますが、自分は〝全員が同時に、1回で〟が、一番伝わる、ベストな方法だと思っていて、これを『声を集める』と表現しています。この場面は、『二つ！』の声が〝集まって〟いたから、仲井が迷いなく二塁に投げられて、結果として一塁ランナーもアウトにできた。トリプルプレーの練習をすることはありませんが、こだわって、できるまで時間を割いてやってきた、投内連携や声を集める意識を応用して展開できたから成立したプレーだと思っています」

大阪桐蔭にとって試合を決める最大のチャンスは、一瞬にして下関国際を大きく勢いづける場面へと姿を変えた。

8回表は前田が下関国際打線を3者凡退。8回裏の大阪桐蔭の攻撃で仲井は1死二、三塁のピンチを連続三振で切り抜け、試合は9回を迎えた。

9回の先頭は赤瀬。カウント3-1から前田が投じたスライダーを「肩を開かずに待てた」と中前に弾き返し、逆転の狼煙を上げた。スコアは3対4の1点ビハインド。「とりあえず負けを逃れる」のならば、続く松本がバントで赤瀬を二塁に送って同点のチャンスを作り、中軸で1点を奪って同点に追いつくのが順当な選択だ。だが、「同点止まりだと裏に逆転されて終わる」という確信が坂原にはあった。勝つなら松本の強攻でチャンスを広げ、2点を狙う――すなわち、この回での逆転が不可欠と判断した。

松本は期待に応え、カウント2-2からバスターで三遊間をしぶとく破るヒットを放つ。続く3番・仲井は一発で送りバントを決め、1死二、三塁の逆転機を演出した。このあたりから三塁側内野席をとび越え、バックネットの観客からも下関国際へ向けた手拍子での応援が送られた。地鳴りのような手拍子に「驚いていました」という赤瀬は、仲井の犠打で三塁に到達すると、「もっと盛り上げて！」と言わんばかりに、両手を持ち上げるようなジェスチャーをしたが、「全く記憶になくて……」。グラウンド上の選手を興奮状態にするような、下関国際を後押しするムードが球場を包み込んでいた。

ここで大阪桐蔭は前進守備を選択した。坂原が言う。

「これで二塁走者の松本がけん制を警戒する必要がなくなって、リードを大きく取れた。非常に大きかった」

打席に入るのは1年から主力を担ってきた賀谷。

土壇場で手にした絶好機であっても、賀谷の表情からは力みも怯《ひる》みも感じない。これまでいくつもの修羅場をくぐりぬけてきた。「ボール球に手を出さず、甘いストライクを叩けばいいだけ」。そんな自信が全身からみなぎっていた。前田が投じた高めの初球は積極的にスイングしてファウル。大きく外れた2球目は悠然と見逃し。これでカウントは1－1。そして3球目。真ん中付近に入ってきたボールをフルスイング。打球は高く弾んで前田の頭を越え、前進守備の間を抜けてセンターに飛んだ。

赤瀬が左手の拳を軽く突き上げホームイン。続いて松本が本塁に突入してくる。ヘッドスライディングで突っ込む松本と、強肩の海老根の送球が競争になるクロスプレーになった。土埃《つちぼこり》が舞う中、審判は「セーフ」のジェスチャーをした。土壇場での逆転でスコアは5対4。驚愕、感嘆、悲鳴。この瞬間、「原則声出し応援禁止」の甲子園球場が、様々な感情が詰まった観客の声で包まれた。

9回裏、先程までの攻撃と反対の大阪桐蔭の逆転を期待する手拍子が鳴る中、マウンドに登った仲井は、先頭の丸山の初球に、緩いカーブを投じる。丸山は虚を突かれたように見送って1ストライク。逆転シーン同様、下関国際ナインの守りからは勝ちを急ぐような空気はない。丸山、そして続く海老根と2人の強打者は、深めのポジショニングの網に懸け2死を奪う。最後は「外に投げればタテに変化する」（坂原）スライダーで、田井を空振り三振に斬り、大阪桐蔭を下した。下関国際の落ち着いた守りに、「甲子園の魔物」が顔をのぞかす隙間もなかった。

仲井のガッツポーズに呼応するように、基本的に中立、この試合の序盤はやや大阪桐蔭よりの雰囲気だったバックネット裏の観客が、試合終了の瞬間に大きな握りこぶしを突き上げていた。

第十章　甲子園決勝へ

ファイナル

準々決勝を終え、グラウンドを引き上げる直前の下関国際ナインをテレビカメラが映し、アナウンサーは、「山口県勢のベスト4は、17年前の宇部商以来です」と熱っぽく語る。17年前と言えば、坂原秀尚が下関国際に手紙を送り、監督になった年、2005年だ。試合直後にNHKが放送する勝利監督インタビューでは、坂原が「笑われるかもしれませんが、ここ（甲子園4強）を目指してきましたので」と、目を潤ませながら言葉を紡いだ。

準決勝は、今大会一番と言っていい知名度と人気を誇った、「エース・4番・主将」の山田陽翔《はると》を擁する滋賀の近江が相手だった。〝甲子園の主人公〟とでも言いたくなるほどの山田の存在感は、準々決勝の対大阪桐蔭で下関国際を強烈に後押しした観客を、今度は敵にするような大きさだった。が、下関国際の戦いはぶれなかった。

6回表に四球で得た2人の走者を森凜琥《りく》が右翼線の二塁打で返し、4対2と勝ち越すと、7回表にも仲井慎の犠牲フライで1点を追加し、この回で山田をマウンドから引きずり下ろした。さらに8回には、赤瀬健心、松本竜之介が再現VTRのように、三塁線へのスクイズを連続で決め、継投で追いすがる近江を振り切った。

結果は8対2での完勝。古賀が2回途中で降板し、早々に仲井を投入せざるを得ない守備面の想定外はあったものの、坂原の采配がピタリとはまった一戦だった。目標の4強を飛び越え、山口県勢としては85年の宇部商以来となる夏の甲子園決勝にたどり着いた。

一方、下関国際と逆サイドのトーナメントを勝ち抜いて決勝に進出した仙台育英の戦いは、実に理想的なものだった。下関国際と同じく2回戦からの登場で、初戦は鳥取商に10対0で快勝。茨城代表の明秀日立と対戦した3回戦は、7回に2点差を逆転しての5対4の辛勝だったが、準々決勝では序盤に主導権を握り、愛工大名電を6対2で下す。準決勝では、19安打18得点の18対4で同じ東北の福島代表・聖光学院を圧倒し、15年夏以来の決勝に駒を進めた。

決勝を前に、早鞆の監督である大越基の携帯電話には、ひっきりなしに着信があった。仙台育英のOBで、89年夏の甲子園で決勝に進出。東東京代表の帝京の前に、0対2で屈したものの、帝京の快腕・吉岡雄二との息詰まる投げ合いを展開した。大越の決勝での力投は、高校野球ファンの間で語り草となっている。

仙台育英にとって初めての甲子園決勝進出を成し遂げたレジェンドであり、現在は山口県内で指導者。それも下関国際と同じ下関市内のチームで指揮を執っている大越は、22年夏の決勝を語る上で、うってつけの存在だった。大越からコメントを取ろうと、新聞社、テレビ局を中心に、様々なメディアが電話を鳴らした。かくいう私も甲子園後に発売になる雑誌の1ページ企画に必要だった大越の談話をもらおうと、準決勝が終わった直後に連絡を入れた。こちらからの電話はつながらなかったが、すぐに大越から折り返しの電話が入った。

「今、めちゃくちゃ電話があって。明日だったら時間取れると思うから、ごめんけど、またかけて！」

1度目の連絡は慌ただしく終わり、決勝前日の休養日、甲子園球場で決勝前日の練習が行われている最中、ズボンの左ポケットに納めていた携帯電話が揺れた。大越からの着信だった。慌てて、通話ボタンを押し込むと、「前の取材が思ったより早く終わったから。今なら時間を取れるけど」と申し出があった。

大越は自分自身で「いろいろ聞かれたけど、結構高校時代のこと覚えているもんなんだよなあ」と自ら感心しつつ、高校3年夏の甲子園開催期間について回想した。もともと、同年のセンバツで敗れていた大阪代表の上宮に、準々決勝で雪辱できた時点で、自分の高校野球は完結していたこと。最大の目標を果たした後、2年生の春に、東海から関西へと続く遠征の合間を縫って訪れた甲子園の決勝で、当時監督だった竹田利秋から、「オレ甲子園の決勝で采配してみてぇんだよなぁ」と耳打ちされたことを思い出し、「竹田先生を決勝の舞台に立たせる」と、もう1度ねじを巻きなおしたこと。屋上にチームメイトと抜け出し、宿舎だった「ホテル神戸」の夜風に当たったこと……。思い出のアルバムをめくるように、高校最後の夏を述懐すると、翌日の決勝の展望を語った。

「感慨深いよね、ほんと。育英は母校だし、国際は近くにあって、野球どころじゃなかった頃から知っているわけだからさ。部員も少なくて、存在感も大きくなかったところからここまで来た。坂原監督は周りには見せないけど、相当な苦労があったはず。坂原監督とは十数年の付き合いになるけど、国際が甲子園に行くまでは常に『早鞆に追いつけ、追い越せ』ということを選手たちに言われていて、ウチに追いつくことを目標にやっている感覚があった。当時は『え⁉　そんな感じ？』と思っていたけど、4年前の甲子園ベスト8以降は、こちらが下関国際をどうしたら倒せるかという感覚。全然勝てなくなったから。そのチームと母校が、それも甲子園の決勝で戦うんだから、すごいよね」

山口県では、中国大会の出場を懸けて戦う秋の県大会の前に、「地区新人大会」が開催される。県大会と同じく4地区に分かれて開催され、決勝進出チームには、秋の県大会のシード権が与えられる。甲子園の決勝当日は、自らが率いる早鞆の下関地区新人大会の準決勝と重なっていた。昼過ぎからの第2試合を戦い、3対1で豊浦を下すと、そのまま球場内で仙台のテレビ局の取材を受けた。

決勝後に映像を撮っていては間に合わないため、決勝の結果が出る前に、仙台育英の優勝と、下関国際の優勝の2パターンを収録した。下関球場を引き上げ、寮のシャワーで汗を流し急いでテレビの電源をつけると、試合は6回を迎えていた。

坂原は、決勝の先発を古賀に託した。近江との準決勝は今大会最短の2回途中で降板していたが、坂原から決勝前日に「(早期降板と休養日で）休養は十分。明日はどこで投げるかわかっているな」と発破をかけられての5試合連続での先発だった。

決勝のゲームプランは「僅差でついていって、少しでも仙台育英に継投をやらせにくくする」だった。仙台育英は、初戦から準決勝まで投手陣の完投はなかった。継投を軸に勝ち上がってきたのは下関国際と同じだったが、中身は違った。5投手がベンチ入りし、鳥取商との初戦では全員が登板。5人全員が甲子園球場のスピードガンで142キロ以上を計測する充実ぶりだった。

仙台育英が決勝の先発に持ってきたのは、左腕の斎藤蓉《よう》だった。下関国際は、斎藤に5回を終え2安打無得点に封じられたが、古賀も粘った。初回から2イニング連続の三者凡退に斬り、4回は先制を許すも、なおも続いた1死二塁のピンチをしのいだ。

坂原が動いたのは5回だった。古賀が2点を献上し0対3、2死一塁から四球を与えた場面で、遊撃手の仲井を投入した。仲井は最初の打者から空振り三振を奪い、ピンチを脱した。6回表の攻撃で三塁打で出塁した赤瀬が、仲井の一塁ゴロの間に生還し、1点を返した。直後の6回裏は回を跨いで3者連続三振を奪うなど、無失点に抑えたが、古賀の故障という逆境から生まれた勝利の方程式が、7回に瓦解した。

中1日空いているとはいえ、ここまでの登板で蓄積した疲労は色濃く、強打者たちのバットを次々と空を切らせた最速148キロの直球が今一つ走らない。9番打者を死球で歩かせると、5回に適時打を放っている橋本航河に右中間を破る三塁打を浴び、4点目。そこから四死球で塁が埋まると、最後は5番の岩崎生弥に決勝では14年ぶりとなる満塁弾が飛び出し1対8。試合が決定的なものとなった。

7点を追う9回の攻撃を前に、坂原はネクストバッターズサークルに向かう仲井を呼び止め、ユニホームの左胸にある「SK」のマークを指し、「下関国際の誇りとプライドを持って意地を見せてこい」と送り出した。

回の頭から、チャンステーマの「V-ROAD」が鳴り響く中、仲井が8球粘った後に左前への安打で出塁した。続く4番の賀谷勇斗は、準決勝までとは異なる金色のバットを手に打席に向かった。

下関国際は、基本的に黒色のバットを公式戦で使用するが、夏を前に金色のバットを2

本用意し、ベンチに持ち込んでいた。それぞれ右打者、左打者用にグリップテープを巻き、「ここぞの場面で使う勝負バットにしよう」と、チームで決めていた。右打者用の黄金バットは、山口大会の決勝で仲井が使用したが、それ以降は左右ともに使う選手はいなかった。だが、普段は寡黙な賀谷が、決勝の第1打席から使用したことで、ベンチは盛り上がった。坂原が言う。

「大事な場面でチームを一つにする意識付けとして用意していて、県大会で仲井が使ったときもベンチは盛り上がりました。左打者で使うなら、お調子者なところがあってムードメーカー気質の赤瀬かなと思っていたんですが、賀谷が決勝で金バットを手に取って。真面目で口数も多くないタイプの賀谷がそういった形で決勝への意気込みを示したので、選手たちも『賀谷が使うの!?』と驚きながらも士気が上がりましたね」

カウント2－2となってからの5球目にバットを出し、金色のバットから甲高い金属音が響いた。打球は左翼手の前に弾み、1死一、二塁とチャンスが広がった。三塁側のアルプスタンドから歓声が沸き起こり、隣接する三塁側内野スタンドを含めて手拍子が響いた。

だが、反撃はここまでだった。続く水安勇が中飛に倒れ、奥山晃大の代打・染川歓多が打った打球は三塁へ。染川が一塁にヘッドスライディングし土埃《ぼこり》が舞う中、一塁塁審がアウトのジャッジを下した。仙台育英、東北勢初の優勝が確定すると同時に、下関国際の快進撃が終わった。

「子どもたち」

マウンドに仙台育英の歓喜の輪ができる。対比するように下関国際のベンチでは、古賀が泣き崩れていた。その古賀を坂原が抱えるようにしてベンチの外に出し、整列に向かうように促した。

「行くぞ」

坂原の一言に促され、大粒の涙を流して顔をくしゃくしゃにしながら、背番号1が整列に加わった。

閉会式後、オンライン取材の画面に現れた坂原は、思いの外すっきりとした表情をしていた。そして、「仙台育英さんは想像を絶する選手層でした」と、投手陣を筆頭とした相手の分厚い選手層に感服した。

試合展開としては、悪くなかった。前半5回を3点差で折り返し、6回には三塁打で出塁した赤瀬を、仲井の一塁ゴロで返し、点差を縮めた。仙台育英は先発の斎藤を7回まで引っ張る形になり、少なからず相手の継投に迷いを生じさせていた。

ある記者が坂原に、「あと一歩で優勝を逃し、今大会5個目のウイニングボールを手にできなかったが、悔いはないか」と尋ねた。これに対して坂原は、「十分です。ウイニングボール以上に大切なものをもらったので」と返答した。すかさず、記者が「それは何ですか?」と質問を続ける。坂原は「子どもたちと過ごした2年半という時間です」と返した。

これ以外にも、最後の整列時に坂原の目に涙が浮かんでいたことに触れる質問もあった。それに対し、坂原はこう答えた。

「子どもたちがかわいくて、かわいくて。かわいい子どもたちが泣いている姿を見て、自分も泣いてしまいました」

私は坂原が選手を「子どもたち」と呼ぶのに、少なからず違和感を覚えた。これまでは、「選手」「生徒」と言った表現を使うことが大半で、「子どもたち」と呼んでいた印象がなかったからだ。大会が終わり、国体を控えていた頃、この呼び方について坂原に疑問を投げかけると、「そうでしたかね」と回答があり、少し考えた後、こう答えた。

「3年生が野球部専用の寮ができて最初の世代だからかもしれないですね。入寮するときに『野球部は家族。監督の自分が高校2年半は父親代わりで、選手同士は兄弟なんだ』と伝えていました。自分も本当に父親になったつもりで選手たちを見てきましたので、そういう風な表現になったのかもしれません」

夏の大会前は、赤瀬の進路を巡って、こんなやり取りがあった。保護者を交えた進路面談で、赤瀬の父親が関西方面の大学の資料を並べ、「息子をここに行かせたくて……」と自分の考えを述べた。赤瀬は父親を制し、こう言ったという。

「高校に入ってから、一番自分を見てくれているのは監督さんなんだから。オレは監督さんが考えてくれた進路を第一に考えたい」

進学先を考える際、考慮するのは野球のレベルだけではない。入学後、滞《とどこお》りなく卒業ができるようリーグ戦期間中に講義を欠席したときの扱い、本人と進学先の学力に隔《へだ》たりがないかなども重視しなければならない。そういった点から、坂原は赤瀬に岩手県花巻市にある富士大への進学を勧めようと考えていた。結果的に同大学への進学が決まるのだが、赤瀬の言葉は、心血を注いで選手と向き合ってきた坂原にとって指導者冥利に尽きるものだった。

甲子園終了後は、栃木県で開催される国体への出場と、仲井がアメリカで行われるU18ワールドカップ日本代表へ選出されることが発表された。

だが、ここからが大変だった。甲子園から山口に戻った後、新型コロナウイルスのクラスターが部内で発生。甲子園メンバーだけでなく下級生を含めて感染者が続出し、ただでさえ遅れていた新チームの始動が、さらに後ろにずれ込んだ。

結局、仲井は代表辞退を余儀なくされ、新チームは練習試合を一戦もこなせぬまま、秋の山口大会に突入することとなった。

秋は、準々決勝で延長10回の激闘の末、高川学園に2対3で敗れ、23年春のセンバツ出場は絶望的になった。その約1週間後の10月2日に開幕した国体では、同月のプロ野球ドラフト会議で巨人から1位指名を受ける浅野翔吾を擁する香川の高松商と初戦で対戦。初回に仲井の適時打で先制し、中盤にも松本竜之介の適時打で加点し、試合を優位に進めた。守りでは浅野に長打を浴びながらも、古賀、松尾勇汰、仲井のリレーで6失点にまとめ、8対6で勝利した。

準決勝は、甲子園の準々決勝で下した大阪桐蔭との再戦となった。甲子園の5試合、国体初戦ですべてリリーフ登板だった仲井が、注目の再戦の先発を任された。これにはある〝事件〟が関係していた。

下関国際では、携帯電話の所有が禁じられているが、選手たちは学校の情報の授業時間だけはパソコンに触れることができる。二塁手の森が、その授業時間に学校のパソコンからSNSのインスタグラムのアカウントに接続し、中学時代の友人たちと連絡を取っていたことが夏の甲子園終了後に発覚したのだ。森は、仲井が同じように中学時代に使用していたインスタグラムのアカウントで旧友と連絡を取る様子を見て、自分もやり始めたと告白した。だが、仲井は当初「自分はやっていません」と、これを認めなかった。最終的にはインスタグラムを使用していたことを認めるのだが、部則違反を始めた時期が坂原と3年生たちをさらに落胆させた。

仲井は夏の大会を前にした5月から、学校のパソコンでのインスタグラム使用を始めていた。山口大会の準々決勝終盤に伝令を通じて「自分にマウンドを任せてくれ」と言った姿、甲子園のメンバーを3年生のみにし、かつてないほどの一体感で戦った甲子園の5試合。そのすべてが虚空のものだったように坂原には感じられた。すべてを徹底し、野球に懸けてきたと信じていた日々の隙間に混ざり込んだ偽りに嘆かずにはいられなかった。

もちろん、過ちを犯してしまったとはいえ、仲井の野球に対する情熱は本物だったろうし、チームのために腕を振り続けたのは紛れもない事実だ。が、坂原には例え一片だけだとしても、その偽りが許せなかった。

「それくらいいいじゃないか」と思う人もいるだろう。甲子園準優勝という結果が出たのだから、許容してもいいのではないかと思うのが、ある種〝普通〟の感覚なのだとも。だが、ここで許容してしまっては、坂原は坂原でなくなり、下関国際が下関国際でなくなる。

国体の準決勝で仲井を先発させたのも、周囲の存在の大きさに気づかせるためだった。

「甲子園であれだけのピッチングができたのも、後ろを守る野手、ベンチ、スタンドから力をもらっていたから。それがなくなってしまった今、どうなるかをわかってほしかったので、仲井を先発させました」

結果は、仲井が4回を投げて3失点。後を受けた古賀が残り5イニングを無失点に抑える内容だった。打線は夏の甲子園で攻略した大阪桐蔭投手陣から1点しかとれず、1対3で敗れた。試合後、クールダウン中の仲井のもとに坂原が歩み寄り、何やら諭すように語りかけるシーンが、インターネット配信の映像には収まっている。坂原が振り返る。

「仲井にどうだったかを聞くと、『調子が悪かったです』と返答があって、『違う、そうじゃない。今まであった周りからのパワーがなかったから、こういう結果になったんだ』と伝えていた場面ですね」

国体が終わると、仲井は全体練習から外され、グラウンド外での見学に終始していた。問題が発覚した後、山下を中心に3年生はミーティングを重ねた。仲井が12月中旬から練習に合流しても、毎日のように話し合いを重ね、互いの気持ちをぶつけ合った。が、それでも答えはでなかった。一旦の結論を出したのは坂原だった。坂原は仲井にこう諭した。

「卒業までに他の3年生たちに許してもらおうと思ってはいけない。これからの人生で以前のような関係に戻れるよう、新しく信頼関係を築かなければならない」

この坂原の言葉を踏まえて、山下は言う。

「本当は自分たち選手でこの答えを出さないといけなかった。サポートしてくれたベンチに入れなかった3年生の気持ちを思うと、今もまだ心の整理はできていません。でも、これから時間をかけて、もう1度夏までのような関係に戻れたら……と思います」

赤瀬は「800メートル走」に取り組む後輩たちを、こう鼓舞していた。

「オレたちみたいに、最後に後悔しても遅いんやぞ！」

赤瀬が理由を述べる。

「自分たちは最後に3年生同士の信頼関係を取り戻せないまま終わってしまいました。800メートル走は全員でタイムをクリアしないと終わりません。ここで少しでもタイムをごまかす、逃げる選手が出てしまったら、自分たちと同じようになってしまう。全員が心から信頼し合えるように練習、寮生活をやり切ってほしいです」

濱松晴天らが1年生だった16年、山下らの20年に、下関国際は1年生大会を制覇している。この2チームの3年時の夏は、甲子園8強、準優勝と、甲子園で3勝以上を挙げるという、活躍の布石でもあった。

22年の1年生大会も下関地区予選を突破し、11月12日の準決勝でも、岩国に12対6で勝利し、3度目の決勝に駒を進めた。だが、これまで進出すれば負けなしだった1年生大会の決勝で、宇部鴻城に敗れた。最大5点差から中盤、終盤に詰め寄られ、最後は次期エース候補として期待されている本格派右腕の福嶋宗也が9回に捕まり、3点差を引っくり返されての逆転サヨナラ負けだった。

坂原は、敗戦を経て次に進むとき、「答え」という言葉を用いる。初の甲子園出場だった17年夏、18年春と続けて甲子園の初戦で敗れ、18年夏に初勝利から8強へと勝ち進んだときも、こんな話をしていた。

「初出場の夏に負けて、球場への対策だったり、『こうやったら甲子園で勝てるんじゃないか』と考えてセンバツに臨んだんですが、そのときは答えが出なかった。それでもブレずにやってきて、2年連続の夏にやっと甲子園ベスト8という答えが出たんです」

22年夏は、3547ものチームが甲子園を懸けて戦った。その中のたった1校が優勝という最大の誉《ほまれ》を手にできると同時に、甲子園の決勝で敗れるのもまた1校のみだ。全国でたった1チームが経験できる甲子園決勝での負け。手にした栄冠とは比べ物にならない数の悔しさから成長し、坂原自身も「負けから強くなるのが伝統」と言ってはばからないチームが唯一無二の敗戦から、どんな〝答え〟を導き出すのだろうか。

ドラフトでも、坂原は過去の経験から答えを出した。18年夏の甲子園終了後、東京農業大への進学が内定していた鶴田克樹が、一転プロ志望を表明したことがあった。夏の甲子園での投球内容にプロのスカウトたちも上々の評価を下していたが、大多数の球団が大学進学と踏んでいたため、指名選手を検討する編成会議で名前を出すタイミングを失っていた。そのため、「もっと早く言ってもらえていたら、育成で指名することもできたんだけど……」といった連絡が、坂原の下に複数届いていたのだ。

この経験から、プロ志望だった古賀は早い段階で希望進路を定め、スカウトたちにもアピールしていった。夏前の岡山学芸館との練習試合では、複数の球団が上席を帯同して視察するなど、評価は上々。夏の山口大会期間中に、新山口駅近郊のホテルで遭遇したスカウトに、筆者が「古賀はどうですか?」と投げかけると、「支配下じゃないと獲れないよ」と返答があったほどだった。最終的には、甲子園での投球内容がマイナスに作用し、楽天の育成2位指名となったが、坂原の経験を踏まえた動きがあってのドラフト指名だった。

ドラフト会議当日、学校では指名会見を設定していた。インターネットでのドラフト会議中継をプロジェクターで映していたため、若干のタイムラグが生じ、坂原が指名を知る直前に、周南スポーツの高瀬英明から「おめでとうございます!」のメッセージが届いた。坂原が胸ポケットに入れていたスマートフォンで高瀬からの連絡を確認すると、ほぼ同時に会見会場でも指名の瞬間を迎えた。

「指名されたことを誰に伝えたいか」と問われた古賀は、少し遠慮がちに「隣にいる監督さんに……」と回答。これに対して坂原は、「(一緒に会見場にいるから)知っとるっちゃ!」と返した。坂原は古賀に対して「東北に行って、東北の人間になって、東北の人から愛される選手になってほしい」とエールを送った。

古賀の思わぬ回答を聞いて出た、「知っとるっちゃ!」という山口弁。それは広島出身の坂原が人生を懸けて下関国際を変えようと誓い、山口に根を張り、「山口の人」になったことを示していた。

色々と抜けているところがあり、1年生時から寮での食事の際には坂原の隣が定位置となるなど、入学以来何かと坂原が気をもんできた古賀だが、楽天の新人合同トレーニング恒例のシャトルランで134回を記録し、23年の新入団選手トップ、歴代4位に食い込み、出発前に坂原と交わした「走るメニューで一番になる」という約束を果たした。高校時代は走ることから逃げ出したこともあった古賀の、坂原への恩返しだった。

古賀の高卒プロ入りに一役買う形となった鶴田は、この秋に大学最後のリーグ戦を戦った。大学野球を終え、下関国際に年末の挨拶に訪れようと坂原に電話で一報を入れた際、こんな一言を添えていた。

「監督、いいものがあります」

挨拶に訪れた日に鶴田はボールを1球、坂原に差し出した。坂原が回想する。

「鶴田は大学2、3年は故障でほとんど投げられなかったんですが、夏の甲子園で準優勝した後輩の姿を見て、『下関国際のOBとして、最後のリーグ戦で自分も結果を出す』と秋に臨んでいました。実際、大学初完封を挙げて、その後の専修大との試合でもロッテにドラフト1位で指名された専修大の菊地吏玖投手にも投げ勝つなど、結果を残してくれました」

ドラフト1位投手に投げ勝った試合を鮮明に記憶していた坂原は、鶴田が差し出したとき、てっきりその試合のボールだと思い、受け取ろうとした。だが、初完封のボールと告げられ、「大切なものだから、自分でなく両親に渡しなさい」と固辞。最終的には鶴田の熱意に根負けし、受け取った。

鶴田は菊地と投げ合った専修大戦も完封勝ちしている。それでも、どうしても初完封試合のウイニングボールを坂原に渡したかったのは、「結果は同じでも、専修大戦よりも投球内容に手ごたえがあった」から。無名の捕手だった自分を投手に導いてくれた恩人に、大学4年間で一番納得のいく投球ができた証しを持っていてほしかった。

鶴田は、23年春から人材総合プロデュース企業のエイジェックで社会人野球を続け、2年後のプロ入りを目指す。坂原は寮の監督室に置かれた、少し土が付いたこの1球を見る度に、愛弟子の雄姿に思いを馳せる。

14年

本書の取材が終盤に差し掛かった頃、午後からの練習が始まる前に、坂原から話を聞いたことがあった。最初は練習時間に合わせてグラウンドに赴くことが多かったが、なるべく練習から目を離したくない坂原からじっくり話を聞くには、例え短時間だとしても練習開始前に取材時間を設けた方がいいと、取材後半になって気づいた。「もっと早く、この形にしておけばよかったな……」と思いつつ、寮の近くで坂原を待っていると、午前中の定期考査の試験監督を終え、ユニホームに着替えた坂原が現れた。

日差しの向きなど、ちょうどいい場所を探し、坂原から「ここにしましょうか」と促《うなが》されたのは、体育館の一角にあるウエートトレーニング場の扉の前だった。そこに座ると、校歌にも登場する四方山《しぼやま》が目の前にそびえていた。よく晴れた日に映える鮮やかな緑を目に、「これが、四方山なんですよね？」と確認すると、坂原はこう答えた。

「そうです、そうです。監督になってすぐの練習で、当時の選手から『この山、トトロに出てくる山に似てるでしょ』と言われて、『そうだなあ。たしかに頂上にトトロいそうだな』

とか話したりしたんですよねえ」

坂原から手渡されたコーヒーを飲みながら、思い出話に耳を傾けた。取材日が坂原の誕生日である10月11日の直後だったため、「先日、お誕生日だったんですよね」と世間話を振った。準優勝に終わった夏の甲子園の後、坂原は46回目の誕生日を迎えていた。20代最後の年に高校野球の指導者となり、気づけば17年の月日が経った。23年度からは「副校長」の肩書きが加わる予定だ。管理職となるが、「先を決めずにグラウンドに立ち続けたい」と闘志を燃やす。熱意は衰え知らずだが、仮に60歳を定年とすると、指導者として残りは14年だ。それについて、坂原はこう言った。

「定年と同時にやめる気は今のところ全くないんですが、60まで、あと14年ですもんねえ。そこを区切りにするのなら、全部勝てたとしても夏はあと14回しか甲子園に行けないんですよね……」

この言葉を聞いたとき、坂原と南陽工監督の山崎康浩が初めて顔を合わせた練習試合で、坂原の言った「5年ですか」に対し、山崎が「5年もかかるのかというニュアンス」と捉え、坂原の意図した「5年で行けるんですか」と食い違った意味がわかった気がした。謙虚でありながら、残された14回のチャンスすべてをものにしようとする。勝つことにどこまでも貪欲な坂原の姿勢が、言葉のズレを生んだのだろうと。

寮に常駐し、四六時中チーム、選手のことを考える。選手と寝食をともにするため、寮の完成と同時期に建てたマイホームに帰り、妻と長女、自身と同様に野球に打ち込む中学生になる長男、小学生の次男に会えるのは多くても1週間に1度のペースだ。

プライベートもほとんどなく、文字通り身を粉にしてグラウンドに立ち続ける坂原を見て、「そこまでしなくても……」と思う人もいるだろう。乱暴な言い方をすれば、〝たかが〟野球に何をそこまで、と。だが、坂原にとっては、〝されど〟野球なのだ。幼年期に出合い、自分の人生を打ち込める唯一のもの、命がけで向き合うたったひとつのものが、坂原にとっての野球なのだから。

坂原の就任以前は伝統のない組織だった下関国際野球部だが、就任から17年が経ち、教え子を交えた厚みのある組織作りを進めている。20年春から母校に戻ってきた植野翔仁は、教員免許をもっていないが、実習教諭として教壇に立つことで、将来的には責任教師としてのベンチ入りが可能となる。坂原は、いずれチームを陰から支える存在となってほしいと考えている。23年度には、17年夏から18年夏の3季連続の甲子園出場に貢献した甲山達也がコーチとして帰ってくる予定だ。また、春からは山下が大阪体育大に進学し、卒業後は保健体育科教諭、指導者として下関国際に戻るつもりだ。坂原が「山口県内の他のチームが『下関国際には勝てない』と感じるぐらいのチームを作る」という夢は形になりつつある。

下関国際にはある法則がある。それが、「夏の最高成績に並んだとき、必ずそれを更新する」ことだ。

公式戦初勝利を挙げた翌年の09年は県8強進出、その8強に並んだ11年は初の4強、4強に並んだ15年は準優勝。再び決勝に進んだ17年は優勝で初の甲子園出場、甲子園8強に並んだ22年は甲子園準優勝。ならば、もう1度、夏の甲子園の決勝に足を踏み入れた暁には……。そんな期待も膨む。

夏の甲子園の決勝直後、坂原は「次は決勝で戦えるチームを作って、甲子園に帰ってくる」と宣言した。18年の反省を踏まえ、複数の投手を作り上げて決勝に進出したが、決勝でそれ以上の選手層を持つチームに阻まれた。超えるべき〝日本一のチーム〟を目の前にした経験で、またチームを再構築していくのだろう。坂原の魂を受け継ぐ教え子たちとともに、遠くない未来に〝日本一〟の目標を達成するのだと思う。

だが、誰よりも真摯に野球に向き合い、野球に身を捧げてきた坂原秀尚という男が、高校野球の頂点に立てないのは、おかしい。この思いと覚悟が成就しないなんてことがあっていいのか。坂原の戦う姿を見る度に、筆者の中で、この思いが強くなっていくのだ。

下関国際のグラウンド付近から見た「四方山」。校歌にも登場する。

終章　1本の道 〜貫道〜

1本の道

２０２２年８月21日。筆者は携帯電話を握りしめていた。約１年前の夜９時、坂原から電話を受けたときと同じく、立ったままで。

連日開催されていた第１０４回全国高等学校野球選手権大会、通称「夏の甲子園」は、準決勝を終え、いよいよ決勝を残すのみとなっていた。この日は準決勝と決勝の間に設定された休養日で、筆者は試合がある日よりも少し長めに睡眠をとり、翌日の決勝当日中、しかも〝なる早〟での提出が厳命されている、高校野球雑誌の決勝原稿の下書きを作っていた。

決勝に勝ち残ったのは悲願の東北勢初優勝を狙う仙台育英と、私が担当する下関国際。自分が参加している雑誌では、優勝した場合、優勝校の勝ち上がり、エピソードを、３ページにわたって紹介する予定だった。準優勝の場合は、文量、設けられる行数が約半分になるが、優勝前提で草稿を練っておき、惜しくも準優勝となった場合は、要素を削ぎ落として指定行数に収める。それが決勝の〝予定稿〟だった。

下関国際の大会の勝ち上がりだけでなく、これまでの取材で坂原から聞いていた就任時から現在に至るエピソードを整理しながら優勝予定稿を書いていると、「坂原と下関国際野球部の歩みを描きたい」という思いがふつふつと湧き上がってきた。正確に言えば再燃してきた。

18年夏に甲子園8強まで勝ち進んだ際にも1度、書籍にできないかとお世話になっている編集者に相談したことがあった。だが、全国大会での実績、知名度を鑑みて、「難しい」という結論に達した。

22年夏、準々決勝の大阪桐蔭戦以降、下関国際の注目度は急上昇した。坂原自身が送った手紙で監督就任が決定したことなど、就任当初からのエピソードが盛んに取り上げられた。それを見て、この状況ならば、と思った。善は急げと思い、4年前にも相談をさせてもらった、フリーランスのライター・編集者である田澤健一郎氏に電話をかけたのだ。

電話で自分の思いを伝えると、旧知の出版社に企画として提出してくれるとの返答があり、いくつか追加の質問をもらった。その中のひとつが、「もし準優勝だったら、どうする？」だった。ストーリー性としては、当然、優勝の方が収まりはいい。指導者不在で荒れ果てていた野球部が、坂原の就任から17年という歳月を経て、高校野球最大の栄冠に輝く……。フィクション顔負けの壮大な物語が完成するのだから。

結局、その日の電話は、「翌日の決勝の結果を見て、改めてどうするか考えよう」というところが着地点となった。携帯電話を置き、再び雑誌の予定稿の調整へと戻った。

周知の通り、104回目の夏は仙台育英の優勝、東北勢悲願の全国制覇でフィナーレを迎えた。同時に、下関国際の快進撃は、準優勝で幕を閉じた。優勝時よりもギュッと行数が短縮された準優勝用の雑誌原稿を編集部に送り、翌朝に「ゲラ」と呼ばれる掲載ページのイメージを受け取り、今一度間違いがないか目を通す。その時点で数カ所の誤りを見つけ、胸をなで下ろしながら、修正希望箇所を編集者に告げる。こうして、筆者にとっての22年夏の甲子園も、終幕を迎えた。

宿泊していた大阪から自宅のある島根に戻り、数日経った頃、再び田澤氏から電話があった。準優勝の結果を受けて、私の意志がどうなっているかの確認だった。一切迷いがなかったわけではないが、もし出版が可能ならば、現時点で執筆したいと伝えた。取材の度、常々坂原が口にする言葉があったからだ。

「ウチは負けから強くなってきたチームなので」

公式戦はおろか、練習試合でも負け続きだった就任当初だけでなく、山口県内で強豪と呼ばれる存在になってからも、いくつも苦杯をなめてきた。甲子園準優勝世代が2年生だった夏の初戦敗退も、チームを強くした大きな敗戦だった。

電話口で会話を続けながら、頭の片隅に新たな考えが浮かぶ。3000校超が大会に参加する日本の夏の高校野球において、たった1チームだけが〝日本一〟の栄誉を手にできる。その裏で、多くのチームが都道府県大会や甲子園で敗れ去っていく。1校以外はすべて負けを味わって夏を終えるわけだが、日本一の栄冠を手にするのが1校であるのと同時に、夏の甲子園の決勝で敗れるチームもまた、全国に1校しかないのだ。

22年夏、3000を超える学校がある中で、全国で下関国際だけが手にした大きな〝負け〟。それが、仙台育英相手に喫した甲子園決勝での敗戦だった。

負けから強くなってきた下関国際が、唯一無二の敗戦に直面してどうなっていくのか。準優勝という大きな結果を残しながらも、頂点まであと1勝及ばず、新たな壁に直面した今こそが、「下関国際」というチーム、そして「坂原秀尚」という指導者を描き出すには、この上ないタイミングであるようにも感じられたのだ。

優勝した場合よりは話題性が低いとはいえ、終わってみれば22年夏の主役と言ってもいいチームだ。私と同じように考える同業者、出版社が現れると危惧し、急いで企画書を仕上げ、田澤氏を通じて、出版社に目を通してもらった。そして、幸いにも刊行が決定したのだった。

以前も坂原に就任当初からの歩みを聞いていたが、改めて話を聞くと、心が折れてもおかしくない逆境の数々に何度も息を呑《の》んだ。

そして、執筆を進めていくと、本書の取材時に、かねてより坂原と下関国際の取材を濃密に行っていた山口朝日放送のアナウンサー・楢崎瑞《るい》が語っていた言葉が思い返された。

「今回甲子園で準優勝したことで、下関国際野球部や坂原先生の、今まで誤解されていた部分が正しく世に伝わってきたなと感じています。正しいことを知ってもらって、その上で良い、悪いを判断してもらえばいい。僕は坂原先生の方針や覚悟に感銘を受けて、ずっと追いかけさせてもらっていますけど、下関国際野球部や坂原先生を全員に肯定してほしいとは思いませんし、反論はあって当然だと思います。でも、今までは一部を切り取ったものや、間違った情報から批判されることが多かったので、そういう意味でもここからがスタートだと感じています」

本文でも触れてきた坂原の勝利への執念は、現代では「勝利至上主義」と批判にさらされ、厳しい日々の練習も「時代錯誤」と嫌悪されることが少なくない。

だが、坂原が下関国際にやってきた当時の選手の気質、学校の状況を見ると、坂原のやり方以外で、坂原以外の人間がやったとして、今のようなひたむきに野球に取り組む組織に変えていくことは不可能だっただろう。取材を終えた今、それを強く感じている。

それほど、坂原が就任した当初の下関国際野球部は壮絶な状況だったし、団地での遊びから始まり、社会人まで続けた現役生活で醸成された坂原の勝利への執着も相当なものだった。それを語るには、一般的な雑誌やウェブ記事では、到底スペースが足りなかったとも思う。

坂原と下関国際の歩みは、しばしば「ドラマのような」と表現される。荒れた生徒とのやり取りから、「3年B組金八先生」「スクール★ウォーズ」になぞられたりもされがちだ。取材をしていても、一つ一つのエピソードは凄まじく濃かった。坂原には、匙《さじ》を投げてもおかしくない選手にも向き合い続ける根気と執念があり、その年々の中核となる選手たちが、「この人についていきたい」と思うだけの器量もまた、坂原にはあるのだろう。

だからこそ、ことさらにドラマチックに、劇的さを押し出して書くことはすまいと思っていた。本書を手に取って万人が感動しなくてもいい。あるエピソードを読んで、1人は感銘を受け、また違う1人は「なぜ、ここまで……」と一歩引く。そんな振れ幅があってもいいと思った。

かねてから見させてもらっていた坂原と下関国際の歩み、その時々の関係者の心情などを大げさに脚色することなく、原型を保ちながら描く。それが筆者にできることであり、やるべきことなのだと、勝手に自分の役割を位置付けていた。

何度も取り上げられた、坂原が直筆の手紙を下関国際に送ったとき、坂原は「指導者経験を積んだ後、将来的に出身地の広島に帰って指導者となる」という青写真を描いていた。だが、最初の公式戦で浴びた野次で元来の負けん気に火が付き、毎日選手と顔を突き合わせる中で、下関に骨を埋める覚悟を決めた。

その中で、少し思うことがある。もし、坂原が他のチームで指導者になっていたら、どうなっていたのかと。東亜大で教員免許を取った後、保健体育科の教員を募集していたどこか他の学校に採用され、野球部の監督に就く。全くの憶測になるのだが、それでも坂原は、そのチームで甲子園に出場していたと思う。

だが、17年で甲子園の決勝にたどり着いたかと言われると、私にはそのイメージが湧かなかった。何もない野球部だったからこそ、ありったけの情熱を注げ、苦難の日々が長かったからこその出会いがあった。坂原と下関国際の組み合わせでなければ、成し得なかった17年目の甲子園準優勝だったのだと思えて仕方がないのだ。

早鞆の大越基を始め山口県内の監督の多くが、夏の甲子園が終わった直後にこう言っていた。

「国際は、これからが大変でしょうね」

坂原は「うちはまだ全然。甲子園常連ではないし、強豪でもないですよ」と言うが、周囲は「甲子園準優勝チーム」として見る。22年秋の山口大会準々決勝で、高川学園に敗れた時も、ネットニュースに「下関国際が敗退。来春のセンバツ出場が絶望に」という調子の見出しが躍った。「高川学園が勝った」ではなく、「下関国際が負けた」。負けても、自分たちが主語で語られるのだ。

「勝てるはずがない」と言われ続けたチームが、「勝って当然」と見られるようになる。全国制覇が現実的な目標へと変わってきた今、求められるもののハードルも高くなってくるだろう。

甲子園後に栃木県で開催された国体の準決勝で大阪桐蔭に敗れた後、配信中継で、この試合の解説を担当していた浦和学院前監督の森士《おさむ》は、中継内で下関国際の置かれた状況を、こう評した。

「下関国際も、いよいよ名刺配りが終わりましたね」

18年夏の甲子園8強後、選手勧誘に赴いた際、「ああ、あのストライプのチームですよね」と言われるようになり、今度は「〝準優勝〟の下関国際ですよね」に変わる。世間に、他のカテゴリーに名が轟き始めた現状を、「名刺配りの終了」の時期と表現したのだ。

立ち位置の変化にたじろぎ、迷ってもおかしくない状況だと思うが、準優勝後も浮わつかず、変わらない坂原と選手たちを見て、18年夏の終わりに坂原から聞いた言葉を思い出していた。

「井上さん、砂漠で遭難する人って、どういう人だと思います？　探索ルートを頻繁に変える人なんですって。逆に最初に決めたルートをひたすら歩き続ける人は、最終的に生存する確率が一番高い。最近聞いて、なるほどと思って」

今進んでいる道が本当に正しいかは分からない。それでも間違っていないと信じて、必死に愚直に前に進んでいく。世間話でありながら、そんな宣言のように思えた。

事実、ルートを変えることなく突き進んだ下関国際は、甲子園の決勝にたどり着いた。

ここから日本一の頂まで、どれくらいの時間がかかるかは分からない。今まで味わったことのない困難が待っているかもしれない。

それでも、坂原は迷わずに前進し続けるのだろう。

そして、私は確信している。

貫道――。頂にたどり着いて振り返ると、後ろには力強く、歪みのない1本の道が完成しているのだと。

2023年2月　井上幸太

終章　1本の道 ～貫道～

下関国際・坂原秀尚監督就任後の秋・春・夏の公式戦戦績

2005年

秋季山口大会	2回戦	●0-10	豊浦

2006年

春季山口大会	2回戦	●2-6	下関中等教育
選手権山口大会	1回戦	●5-12	宇部高専
秋季山口大会	1回戦	●1-12	下関西

2007年

春季山口大会	1回戦	●0-19	豊浦
選手権山口大会	1回戦	●5-15	小野田
秋季山口大会	1回戦	●0-10	下関中等教育

2008年

春季山口大会	1回戦	●6-8	水産
選手権山口大会	1回戦	○11-1	徳佐
選手権山口大会	2回戦	●0-11	山口

2009年

春季山口大会	1回戦	○6-5	水産
春季山口大会	2回戦	●2-3	豊浦
選手権山口大会	1回戦	○7-0	徳佐
選手権山口大会	2回戦	○7-1	早鞆
選手権山口大会	3回戦	○9-3	下関商
選手権山口大会	準々決勝	●0-12	華陵
秋季山口大会	2回戦	●3-4	下関中央工

2010年

春季山口大会	1回戦	●0-3	下関工
選手権山口大会	1回戦	○4-3	宇部工
選手権山口大会	2回戦	○5-4	厚狭
選手権山口大会	3回戦	●2-6	西京
秋季山口大会	1回戦	○6-2	下関工
秋季山口大会	2回戦	●1-2	小野田

2011年

春季山口大会	1回戦	●2-3	小野田
選手権山口大会	1回戦	○7-1	宇部
選手権山口大会	2回戦	○4-3	西市
選手権山口大会	3回戦	○1-0	早鞆
選手権山口大会	準々決勝	○5-1	南陽工
選手権山口大会	準決勝	●0-7	柳井学園
秋季山口大会	1回戦	●5-6	下関工

2012年

春季山口大会	1回戦	●4-6	下関西
選手権山口大会	1回戦	○3-0	小野田
選手権山口大会	2回戦	●2-3	早鞆
秋季山口大会	1回戦	○9-0	下関中等教育
秋季山口大会	2回戦	●4-5	山口県鴻城

2013年

春季山口大会	1回戦	●1-2	下関中等教育
選手権山口大会	1回戦	○10-0	山口徳佐
選手権山口大会	2回戦	●0-4	山口県鴻城
秋季山口大会	1回戦	○12-2	山口県鴻城
秋季山口大会	2回戦	●5-10	長門

2014年

春季山口大会	1回戦	○9-2	響
春季山口大会	2回戦	○14-2	西市
春季山口大会	3回戦	○11-1	豊浦
春季山口大会	準々決勝	○4-3	岩国工
春季山口大会	準決勝	●6-13	高川学園
選手権山口大会	1回戦	○5-2	下関西
選手権山口大会	2回戦	○7-2	山口
選手権山口大会	3回戦	●2-8	下関工
秋季山口大会	1回戦	●0-2	宇部商

2015年

春季山口大会	1回戦	○1-0	大津緑洋
春季山口大会	2回戦	○3-0	下関中央工
春季山口大会	3回戦	○1-0	豊北

春季山口大会	準々決勝	○10-5	柳井学園
春季山口大会	準決勝	○5-2	徳山商工
春季山口大会	決勝	○5-1	宇部鴻城
春季中国大会	1回戦	●1-2	玉島商(岡山)
選手権山口大会	1回戦	○8-0	西市
選手権山口大会	2回戦	○9-1	下関工
選手権山口大会	3回戦	○10-1	小野田
選手権山口大会	準々決勝	○6-2	光
選手権山口大会	準決勝	○4-3	宇部鴻城
選手権山口大会	決勝	●1-5	下関商
秋季山口大会	1回戦	○11-1	下関工
秋季山口大会	2回戦	●0-3	下関商

2016年

春季山口大会	1回戦	○6-2	豊浦
春季山口大会	2回戦	●3-8	早鞆
選手権山口大会	1回戦	○11-4	下関商
選手権山口大会	2回戦	○3-0	小野田工
選手権山口大会	3回戦	△0-0	下関工・下関工科
選手権山口大会	3回戦(再試合)	○10-3	下関工・下関工科
選手権山口大会	準々決勝	●4-5	聖光
秋季山口大会	1回戦	○6-0	下関商
秋季山口大会	2回戦	○12-0	山口県鴻城
秋季山口大会	3回戦	○9-0	早鞆
秋季山口大会	準々決勝	●1-2	徳山商工

2017年

春季山口大会	1回戦	○10-2	豊北
春季山口大会	2回戦	○9-4	下関工・下関工科
春季山口大会	3回戦	●2-3	長門
選手権山口大会	2回戦	○9-0	宇部
選手権山口大会	3回戦	○8-3	下関西
選手権山口大会	準々決勝	○4-0	高川学園
選手権山口大会	準決勝	○8-7	宇部商
選手権山口大会	決勝	○4-3	宇部鴻城
選手権(夏の甲子園)	2回戦	●4-9	三本松(香川)
秋季山口大会	1回戦	○9-3	萩
秋季山口大会	2回戦	○16-0	長門
秋季山口大会	3回戦	○12-0	宇部工

秋季山口大会	準々決勝	○12-1	柳井学園
秋季山口大会	準決勝	○3-1	早鞆
秋季山口大会	決勝	○8-6	高川学園
秋季中国大会	1回戦	○4-1	益田東(島根)
秋季中国大会	準々決勝	○10-0	開星(島根)
秋季中国大会	準決勝	○7-0	尾道(広島)
秋季中国大会	決勝	●11-12	おかやま山陽(岡山)

2018年

選抜(春のセンバツ)	2回戦	●1-3	創成館(長崎)
春季山口大会	1回戦	○4-3	下関工科
春季山口大会	2回戦	○13-0	響・山口徳佐
春季山口大会	3回戦	○11-0	下関商
春季山口大会	準々決勝	○1-0	徳山
春季山口大会	準決勝	○6-4	宇部鴻城
春季山口大会	決勝	●5-9	宇部工
春季中国大会	1回戦	○9-7	八頭(鳥取)
春季中国大会	準決勝	○4-2	宇部鴻城
春季中国大会	決勝	●2-8	広島新庄(広島)
選手権山口大会	2回戦	○9-0	長門
選手権山口大会	3回戦	○10-0	下関西
選手権山口大会	準々決勝	○8-4	光
選手権山口大会	準決勝	○8-1	宇部工
選手権山口大会	決勝	○5-0	宇部鴻城
選手権(夏の甲子園)	1回戦	○4-2	花巻東(岩手)
選手権(夏の甲子園)	2回戦	○5-4	創志学園(岡山)
選手権(夏の甲子園)	3回戦	○4-1	木更津総合(東千葉)
選手権(夏の甲子園)	準々決勝	●2-3	日大三(西東京)
秋季山口大会	1回戦	○8-1	山口
秋季山口大会	2回戦	○11-3	宇部工
秋季山口大会	3回戦	○7-4	早鞆
秋季山口大会	準々決勝	●2-5	岩国商

2019年

春季山口大会	2回戦	○8-6	豊浦
春季山口大会	3回戦	○5-1	下関工科
春季山口大会	準々決勝	●2-4	高川学園
選手権山口大会	2回戦	○6-3	下関工科
選手権山口大会	3回戦	●1-8	宇部鴻城

秋季山口大会	2回戦	○8-1	山口
秋季山口大会	3回戦	●4-14	早鞆

2020年

夏季山口大会	1回戦	○10-2	大津緑洋
夏季山口大会	2回戦	●1-2	下関商
秋季山口大会	1回戦	○8-5	宇部商
秋季山口大会	2回戦	○5-2	長門
秋季山口大会	3回戦	○7-1	山口県鴻城
秋季山口大会	準々決勝	○8-5	柳井学園
秋季山口大会	準決勝	○8-6	宇部鴻城
秋季山口大会	決勝	●3-5	桜ケ丘
秋季中国大会	1回戦	○8-1	西条農(広島)
秋季中国大会	準々決勝	○5-1	岡山学芸館(岡山)
秋季中国大会	準決勝	○12-0	米子東(鳥取)
秋季中国大会	決勝	●2-3	広島新庄(広島)

2021年

選抜(春のセンバツ)	1回戦	●2-6	健大高崎(群馬)
春季山口大会	2回戦	○10-1	美弥青嶺
春季山口大会	3回戦	○10-1	山口
春季山口大会	準々決勝	○8-5	岩国商
春季山口大会	準決勝	○8-6	西京
春季山口大会	決勝	○13-10	高川学園
春季中国大会	1回戦	○7-0	米子松蔭(鳥取)
春季中国大会	準決勝	○9-2	立正大淞南(島根)
春季中国大会	決勝	●0-5	創志学園(岡山)
選手権山口大会	2回戦	●6-11	宇部鴻城
秋季山口大会	2回戦	○4-2	下関商
秋季山口大会	3回戦	○19-0	長門
秋季山口大会	準々決勝	○8-1	桜ケ丘
秋季山口大会	準決勝	○7-0	宇部工
秋季山口大会	決勝	○11-0	宇部商
秋季中国大会	1回戦	○8-0	創志学園(岡山)
秋季中国大会	準々決勝	●0-3	広陵(広島)

2022年

春季山口大会	2回戦	○6-2	早鞆
春季山口大会	3回戦	○2-0	萩商工
春季山口大会	準々決勝	○8-0	徳山商工
春季山口大会	準決勝	○8-6	西京
春季山口大会	決勝	●2-5	宇部工
選手権山口大会	2回戦	○7-0	下関工科
選手権山口大会	3回戦	○5-3	宇部鴻城
選手権山口大会	準々決勝	○10-0	岩国商
選手権山口大会	準決勝	○4-3	南陽工
選手権山口大会	決勝	○10-4	宇部工
選手権(夏の甲子園)	2回戦	○5-0	富島(宮崎)
選手権(夏の甲子園)	3回戦	○9-3	浜田(島根)
選手権(夏の甲子園)	準々決勝	○5-4	大阪桐蔭(大阪)
選手権(夏の甲子園)	準決勝	○8-2	近江(滋賀)
選手権(夏の甲子園)	決勝	●1-8	仙台育英(宮城)
秋季山口大会	2回戦	○13-2	下関西
秋季山口大会	3回戦	○10-0	宇部
秋季山口大会	準々決勝	●2-3	高川学園

下関国際・坂原秀尚監督就任後の歴代部員名簿

※2023年2月現在

■2014年度

石松京弥
市丸貴大
大辻諒
大庭優
高本光太
永野未来
西村昇平
橋本侑也
鼻将伍
林薫哉
福本恵佑
藤田勇希
山口亮太
吉田尚樹
米村朋義
脇勇人

■2015年度

北山大悟
木村優輝
小林龍成
小山司
小廻大介
濵本大地
林田翔太
藤澤舜
山口将助
山崎龍之介

■2013年度

有田裕嗣
壱岐村佳樹
石井将司
岡野優作
川野翼
串崎大輔
清水辰彦
田中大地
坪井孝明
長谷峻兵
藤井貴之
藤原黎
松谷恭兵
三輪大輔
村田翔平
山﨑祥弥
吉永颯太
宮﨑敦次

■2011年度

大石啓輔
大槻駿介
大槻陽平
金原直哉
河村光博
黒川勝
鴻上颯
小島克也
田中幸太
寺﨑孝治
戸田脩太
藤田敏史
山岡祐亮

■2012年度

打越潤
梅津翔太
垣本翔登
柏田潤也
黒川和輝
志井田寛太
田中雄飛

■2006年度

池田水広
金原寛幸
千葉丈士
中泉勇太

■2007年度

新谷勇介

■2008年度

大枝雄治
金原史明
川本智裕
黒川友亮
中野寛斎
原芳樹
福本隼人
南駿輔

■2009年度

新谷将平
堀永宏太郎

■2010年度

坂倉大樹
嶋大将

■2022年度

赤瀬健心
井藤陸斗
岡本裕大
奥山晃大
賀谷勇斗
川口優希
岸本伊織
古賀康誠
染川歓多
髙田可覚
民野太陽
戸田七星
戸田夕輝
仲井慎
中尾待希
那波賢人
橋爪成
花見堂永遠
藤本翔響
藤本尚輝
本玉温大
松尾匠磨
松尾勇汰
松本竜之介
水安勇
御立田大樹
三谷秀大朗
森凛琥
山下世虎
髙瀬舟
武田凛
谷本智
中尾晴樹
松尾楽我
米村篤人

■2020年度

片山季殊羽
坂田大斗
関眞心
関山璃久斗
西村海厘
藤永元気
松本涼雅
米村礼尚

■2021年度

折山俊介
片桐優介
加藤進之介
小丸浩輝
竹内虎太朗
長琉之介
守優雅
森永晃世
山川太陽
渡部龍太
荻壮汰
鎌倉弘人
川上顕寛
木下尚穏
甲山達也
品川優人
杉田大和
田原侑治
鶴田克樹
中島隆徳
西山勇輝
濱松晴天
増田海斗
宮下仁
山田一介
吉村英也
渡邊陸
辻原輝

■2019年度

磯邊響
木谷純羽
木村大輝
倉澤太樹
児玉裕大
酒井力
佐本快
中島弘喜
西永一輝
吉中瑞樹

■2016年度

飯田龍輝
伊秩巧樹
大石泰輝
木村和輝
坂倉梓
平良光崇
仁木敦司
松崎祐介
山田耕大

■2017年度

植野翔仁
河原大
清水大輝
田中達也
平田聖一朗
福永凌也
古川皓将
細野陽色

■2018年度

井本雅也
岩本雄斗

Profile

井上幸太（いのうえ・こうた）

1991年、島根県生まれ。大学卒業後、出版業とは無関係の会社員生活を約2年半送るも、野球への知識欲が抑えきれず、衝動的に退職。2017年10月からライターとして活動を開始する。現在は居住地である島根県の高校野球を中心とした中国地方のアマチュア野球をメインに取材し、『報知高校野球』『野球太郎』などの野球雑誌、『web Sportiva』『山陰中央新報デジタル』などのwebサイトで執筆している。ライター活動開始間もない時期に、2017年夏の甲子園出場直後の坂原秀尚監督を取材し、「今後10年以内に全国制覇を果たす監督」と直感。以降坂原監督、下関国際野球部の取材を断続的に行っている。

編集　田澤健一郎
デザイン　金井久幸＋藤 星夏（TwoThree）
DTP　TwoThree
カバー写真　西田泰輔

貫道《かんどう》

甲子園《こうしえん》優勝《ゆうしょう》を目指《めざ》す下関《しものせき》国際《こくさい》高校《こうこう》野球部《やきゅうぶ》・坂原《さかはら》秀尚《ひでなお》監督《かんとく》とナインの奮闘《ふんとう》

第1刷　2023年3月6日

著者　井上幸太

発行者　菊地克英

発行　株式会社東京ニュース通信社
〒104-8415　東京都中央区銀座7-16-3
電話 03-6367-8023

発売　株式会社講談社
〒112-8001　東京都文京区音羽2-12-21
電話 03-5395-3606

印刷・製本　株式会社シナノ

ISBN 978-4-06-530509-6